大展好書 好書大展

大展好書 好書大展

實用心理學講座

16

深層說服術

多湖輝／著
陸　明／譯

大展出版社有限公司

目錄

第三章 使對方意志動搖的方法……八五

以其道還治其人……九六

序章

使我啞然的攻心說服術

去年，我撰寫了「深層心理術」、「深層語言術」兩本書，旨在闡述如何將「深層心理學」的原理和法則，運用於日常生活之中，俾使我們左右逢源，無往而不利。

不久，社會上相繼發生了年輕警察犯罪、少年突然厭世自殺……等，以人類不可解的心理爲背景的事件。專家學者們分析這些偶發案件時，往往從深層心理學的角度，來加以解釋，遂使「深層心理」一詞，成爲掛在群衆口邊的流行語了。不但如此，讀者們的反應更爲熱烈，許多人來函探詢：既然能夠洞悉人類心靈深處的隱秘，那麼，我們如何運用這項銳利的武器，有效地影響別人呢？

目前，所謂「說服術」的書籍，業已充斥坊間，可見大家對這個問題的關切和需要。不過，我堅信當我們試圖說服別人，或傳達自己的思想時，唯有把握深層心理的層次，才能改變對方的態度，也才能以自己的意志去操縱別人。此一具體的方法，卽本書所討論的「說服術」。

在深入地探討本題以前，筆者將先敍述一段某大樓拆除前的軼事。

某大都市的火車站前，有一棟以現代人的眼光看來，顯得微不足道的大樓。這棟五層樓的商場，建地面積爲七十五坪，數年前落成的時候，在那一帶附近，以鋼筋水泥大樓的開路先鋒姿態，成爲衆人矚目的焦點。

該大樓是商場前任董事長，特地從美國聘請首屈一指的工程師，精心設計而成的。不論外型或內部陳設，都流露出濃厚的藝術氣息，頗有美術建築的風味。但是，隨著時代的變遷，這棟意義深長的大樓，終於難逃拆除的噩運了。

我有幸認識該大樓的所有者——董事長二世，並且與一家拆屋公司的董事長A先生相交多年，遂義不容辭地居中介紹，雙方約期洽商，以決定是否能訂立合作的契約。

「哇！這棟大樓實在太棒了！我聽××先生說，您準備將它拆除改建，不是太可惜了嗎？這棟美侖美奐的建築物，多年來，早已成爲本市代表性的景觀之一，您是否有義務把它繼續保存下去呢？您可曾事先徵得令堂的同意。倘若令尊還健在的話，又會有何種反應呢？……面對這麼一棟傑出的大樓，卽使您決定要我拆除，我也不敢貿然從命哩！」

說老實話，當時我驚愕極了！A先生此行的主要目的，是希望能承包拆屋的工程，孰料他竟然再三强調，不可輕易拆除此樓，連董事長亦大感意外。可是，過了一會兒，董事長烱烱有神的眼睛，閃現「深獲我心」的喜悅，神情却流露出無限的慨嘆。

長輩們耗費大量的精力和財物，建造出象徵家族精神的大樓，才歷經一代，就必須被摧毀，大家的心情必定十分沉痛。然而，許多無法克服的障礙，促使他們在家族會議中，平息反對的聲浪，毅然採取此一壯士斷腕的措施。不管怎麼說，要拆除這棟晨昏相伴達數十年之久的大樓，撫今追昔，內心的感懷是難以言喻的！

雖然，拆屋之擧已勢在必行了，但是，若有人輕描淡寫地說：

「好吧！我們就擇日動工吧！」

董事長的心裏必定更加難過，很可能會因而發生反感。A先生能在瞬間洞察對方心底的奧秘，提出反對的意見，難怪會博得他由衷地嘉許了。

不可由對方表面的態度和言詞，判斷說服的結果

經過十幾分鐘的交談，A先生已贏得董事長全面的信任，且欣然決定由他負責拆屋工程。

接著，A先生誠懇地說：

「敝公司既然有幸承辦拆除工程，絕對全力以赴，選用最新的水壓式機械，可以不發出噪音，乾淨俐落地完成任務。請問董事長：您是否想將這些大樓的某些部位，保留下來當作紀念呢？只要交待一聲，我一定不負所託！……」

在旁聆聽的我，忍不住暗中喝采。A先生的心思周密，能夠處處為客戶設想，難怪他的業務蒸蒸日上，成為同行中的後起之秀。

A先生洽談業務的方法，完全符合我所提倡的攻心說服術。其實，針對說服本身而論，根本無需高舉「攻心說服術」的旗幟。因為若不能洞悉對方的心理，並提出切中要害的說詞，是絕對無法令人心悅誠服的。

相信每個人都有過類似的經驗，試圖說服一個有主見，能獨立思考的人物，絕對不是一樁輕而易舉的事。有時候，任憑你舌敝唇焦，自以為列舉了一切堂皇的理由，對方卻無動於衷，眞令人為之氣結！不過，假使他願意接納你的觀點，很可能會前倨後恭，對你佩服得五體投地了。有時候，當你看到對方唯唯諾諾的神態，不覺私心竊喜，自以為勝券在握了。可是，深入至關鍵問題的時候，對方却來個一百八十度的轉變，使你張口結舌，啼笑皆非！

總之，當你僅以對方的表面態度或反應，做為進言的依據時，必定會遭遇許多難以預料和理解的困難。我曾經仔細探討這個問題，發現此乃必然的現象。因爲，「說服」這件工作的主要目的，即在於使對方放棄己見，改變立場來遷就你。這種重要的決策，若僅憑口頭的承諾，是很不可靠的，必須繼續鼓動對方，促其付諸行動，才算徹底達成任務。倘若你不瞭解此種結構，就難免會有上當、受騙之感了。

阻礙說服的多層心理構造

現在，我們將逐步探討攻心說服術的心理結構。在研究攻心說服術之前，必須先瞭解人類心理的形、層構造。

所謂「層」，包括兩種涵義。佛洛伊德等心理學家，認爲人心可分爲「表層」和「深層」，即謂人心具「有意識」與「無意識」之別。我曾在「深層心理術」一書中，屢次將其結構比喻爲冰山或舞台，且做了詳盡的說明。

德國心理學家柯特・李文（Kurt Lewin　一八九〇～一九四七。二次大戰期間，被納粹放逐，後於美國逝世）首先由新的角度，探討人類心理層次的問題。他按照直譯的方法解釋「表層」和「深層」，利用圖表說明人心的構造，將之分成外圍和心靈深處兩個部份。

人心的構造

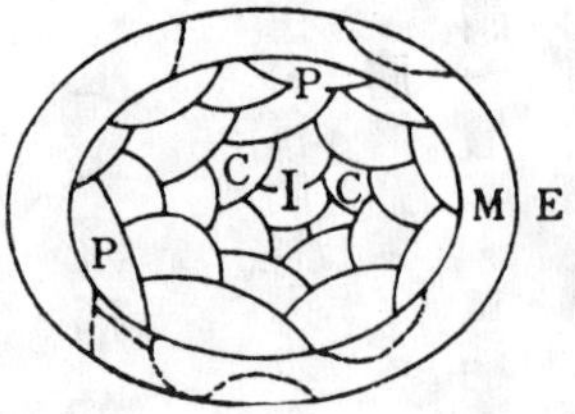

Ｍ：運動知覺的領域（人類認識外界後採取行動，並表露於外的部份）

Ｉ：人的內部領域（內側的橢圓部份）

Ｃ：Ｉ的中心部（不願讓他人知道的自我核心）

Ｐ：Ｉ的外圍部（心的外側部份即使讓他人知道亦毫不在乎）

Ｅ：環境

如圖所示，我們的內心有好幾個層次，在中心部隱藏著不願讓任何人知曉的秘密（自我的核心），外側則為日常生活中，隨時可以坦然外露的外圍部。

俗話說：「知人知面不知心。」我們無法以肉眼探測他人的心靈，必須憑藉對方的表情、動作、談話等，來推測其心理狀態。廣泛地說，人類心理的動態，唯有以行動，才能使之表面化。茲引述李文討論美、德兩國民族性的見解，來闡明人類的心理結構。

根據常態而論，美國人生性大多豪放、開朗、不拘小節、使人易於親近；德國人則顯得嚴肅、拘謹，予人閉鎖而難以相處之感。

美、德兩國人民的精神構造

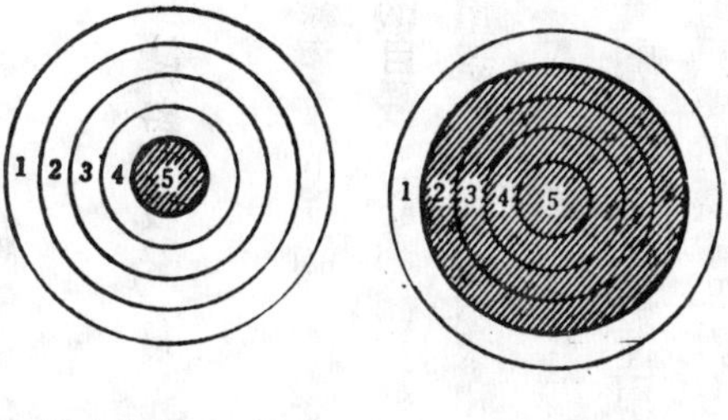

U型（美國人型）　　G型（德人型）

(1)界線的粗細，表示他人入侵時的難易程度。
(2)斜線部份表示不願讓他人入侵，私人秘密的領域。
(3)同心圓內側的部份，屬於個人的領域，向外側擴展的部份，則爲公的領域。

李文將兩國的民族性，分爲U型（美國人型）、G型（德國人型），然後繪成圖表加以說明。

德國人較堅硬的層次，在接近表層的部位，初認識時確實有些不易相處；可是，只要突破表殼以後，就能夠逐漸深入，成爲肝膽相照的生死之交。尤其，人類在中心層發生接觸以後，就很容易將對方導入隱秘的私人領域中，達到水乳交融的境界。

相對地，美國人擁有U型的精神構造，常與人一見如故，並肯將相當深刻的私人隱秘，向尚未以心相許的朋友，毫不在乎地和盤托出。因此，我們結識美國人之後，就很容易產生相當密切的人際關係了。

上述的說法，或許稍嫌籠統。但是，讀者至少可以從中理解，李文剖析人類心理構造時，所揭舉的表層和深層兩種意義了。

使對方的自我核心部發生變化

根據李文的理論，由形層的觀點來考察說服的構造，自然能夠瞭解，除非運用深層心理術，使對方的自我核心部發生變化，否則，說服就毫無意義了。

不用說，說服的對象和場合極爲繁複。在工作場所中，上司和部屬；家庭裡，雙親對子女；學校內，師長與學生……等；此外，舉凡接洽業務、戀愛、政治、宗教等各種活動，幾乎所有人類的相互關係中，都有運用說服的必要。其中，雖不乏僅以口頭的表層說服術，就能夠充分收效的情形，但只要稍微涉及對方自我的領域，就必須接觸深層心理的問題。

我們若欲突破對方心理上的藩籬，成功地說服對方，就不得不利用攻心說服術的技巧了。請讀者回顧我在前面所舉的故事。從表面上看起來，拆除大樓是一樁極單純的事；實際上，它却和深層心理發生極密切的關係。倘若A先生忽視此點，立刻與董事長作生意上的談判，或進行價格的交涉，將造成何種結果呢？無庸置疑地，必定會引起董事長的反感，甚至於不歡而散。可是，老練的A先生並未採取此種愚昧的手段，他鑑察對方的深層心理，出人意表地發出反對拆屋的言論，使對方的心理武裝於無形中瓦解了。在不足二十分鐘的交談中，A先生因勢利導地深入對方的心靈深處，使雙方自然地訂立契約。

A先生雖然未具備深層心理學的素養，但是，長年的工作經驗和豐富的閱歷，使他領悟攻心說服術的技巧，此乃其克敵制勝的主要關鍵。

察知對方的深層心理後再行遊說

攻心說服術的出發點，應先把握對方心理的深層構造。前文引述U型和G型的心理構造，爲了使讀者易於理解，遂用極爲平整的形狀，來說明表層和深層的界線。可是，人類事實上並未擁有此種明確的心理構造。表層和最深層的界線，或許位於第三層附近，有時候也可能在第四層附近。

此外，各層心壁的厚度，也往往因人而異。有些人表層的心壁特別厚實堅韌，最初幾乎使人無法接近；相反地，某些人的表層則薄弱柔軟，但自第二、三層以後，依次增厚，絕對不使他人接觸其核心部。

自我核心部是每個人的心理秘室，其中珍藏著最貴重的私人隱秘。那麼，我們如何能明確地探查對方深層的心理狀況呢？如何尋求迫近該處的捷徑呢？請讀者參考「深層心理術」、「深層語言術」二書，其中曾將觀察對方神情、言語、動作等表面行動，引申或歸納出對方深層心理的要點，提示給大家。

現在，我將遊說時可能成爲阻礙的心理因素，分成八類，卽警戒心、成見、心理壓力、欲求不滿、反感、自尊心、不安感與猜疑心，並將它們依次編列成章，各章節的體例，均是先觀察對方表面上的言語行動，瞭解其拒絕或否定的心理因素，相當於上述八類中的那一項，然後以深層心理術爲主要的着眼點，看出對方的排斥心理，繼而採取最佳的應對方法，消除其心理屛障。這些卽是本書所謂的深層說服術的要旨。

一旦我們能找出操縱對方深層心理的引線，使其遵照我們的意思行事，那麼，要說服對方也就易如反掌了。進一步說，只要能割除盤踞於對方深層心壁上的疙瘩，無論以何種方式進行遊說，都可以輕易達成意願。

讀者們若能理解並把握上述的深層心理構造，然後熟練地運用，本書正文內，各章節中所討論的具體技巧，除了能擴展良好的人際關係外；更能夠以自我的思想和見解，成功地轉移他人的感受，使他和自己並列於同一陣線。

第一章　解除對方警戒心的要訣

如何判斷阻礙對方被說服的警戒心

當你企圖說服對方時，曾否遭遇到下列的拒絕態度？

※從最初打招呼或寒暄時，雙方的感情就無法融洽。
※對方雖然承認我們的見解正確，却不斷地用模稜兩可的回答來搪塞。
※進入遊說的本題以後，談話的速度，開始急遽地遲緩下來。
※只是唯唯諾諾的應答，等於始終沈默不語。
※不斷地追問細微末節。
※始終不放鬆正襟危坐的姿態。
※交談時，將視線朝四面八方移動。

當你遊說的對象，突然客氣地與你周旋，表示他已產生了警戒心

當我們想說服某個人的時候，最先遭遇的是對方的警戒心。這種現象，對初識者而言，基於人類防衛自我的本能，可以說是理所當然的。至於舊交，在尚未瞭解你的動機和目的之前，也難免會抱持警戒的態度。此時他會戴上面具，將心底的感受隱匿起來，以不爲所動的姿態，使你無法探測他將會採取何種對策，進而逼使你知難而退。

與上述的情形比較起來，更糟糕的一種情形是，你渾然無法察覺對方的警戒心，就魯莽地企圖說服對方。此時，對方除了戴上面具之外，更會背對著你，緊鎖心扉，堅決地抗拒你的進言了。

因此，我們必須仔細觀察對方的言語、表情、態度，繼而衡量他是否存著警戒心，以免徒費口舌，鎩羽而歸。

概括地說，抱持警戒心的人，極端不願暴露自己，並儘量設法推卸言語或行動上的責任。因此，他會用絲毫不帶感情的外交辭令向你打招呼，並以做作的態度和你周旋。雖然，表面上他毫無敵視的態度，暗地裡他卻壓抑自己的情緒，冷眼觀察你的言行，試圖從無關緊要的談話中，發

現你的來意，使你無所遁形，尷尬不已！

在接洽業務的會議席上，當你趁著雙方非常投機，談興正濃的時候，提出關鍵性的問題，對方却突然轉變態度用辦公務的語調，輕描淡寫地說：

「嗯！你的意見，我已經完全明白了。不過，這件事必須從長計議，我會把這份方案帶回公司，愼重研討。」

對方戴上警戒的面具，委婉地拒絕你的遊說，以致你滿腔的期待和苦心積慮的計劃，都在刹那間化成泡影！

生性敏感或稍帶神經質的人，特別容易產生警戒心。當你面對這種人的時候，務必時刻注意，切忌發生任何不當的言論，或表現失禮的舉動。否則，對方會用一些搔不着癢處的推托之辭，或以曖昧的神態，令你束手無策，入寶山而空手回！

中外各國的語文中，常因主詞和動詞之間，夾雜了一串形容詞，以致乍聽之下，有語焉不詳之苦！此外，使用轉折語或介系詞時，也必須格外注意，以免發生不必要的誤會。但是，當我們與舊交胸無城府地高談闊論，或和知友促膝暢談時，就根本無需顧慮這些修辭學上的問題。由此可見，倘若我們發現對方忽然用遲緩的語調，斟字酌句地和你應答時，就必須聯想到他的內心，已經懷有相當深刻的警戒心了。

我有位美藉的商人朋友，他精通國語，不需透過翻譯即可和國人交談，並且能確切地瞭解對方的意思。他經常讚嘆我國語文的構造極爲特殊，許多同音字，必須藉說話者的語調，才能分辨其中的意義。因此，他與我國商賈洽談業務的時候，常喜歡閉目側耳傾聽，若發現對方支吾其詞，或語氣凝重地緩緩發言時，就可以從中探知其警戒心的深淺程度了。

除了上述的各種情形外，最令人棘手且難以應付的，是遭逢幾乎不開口的對象。任憑遊說者費盡口舌，他却一味地點首或搖頭，祇是偶爾發生象徵性的回答，如：

「嗯！」、「是的！」、「不錯！」

令人絲毫摸不着頭腦，似乎對著一道影子在自言自語。同時，心裡更是忐忑不安，唯恐對方從你的談話中，刺探出矛盾的論調，然後冷靜地佈置陷阱，坐觀你自投羅網。

相反地，警戒心有時候也會促使被遊說的一方，不斷提出與主題無關的瑣碎問題，喋喋不休地煩擾說服者，企圖反客爲主，令對方無從進言。

這些情形，很像一條邂逅未知動物的狗，牠會在動物周圍，不斷地巡廻視察，並在喉嚨底部發出狺狺的低吼聲，直到牠確信對方是無害的，才會消除警戒心，搖頭擺尾地走向前去。因此，當我們預備說服某個人之前，必須先瞭解他的心理狀況，才能知己知彼，百戰百勝。

警戒心流露在雙方座位的距離上

警戒心並未侷限於言談上，對方落座的位置和姿勢，更能夠使我們在對方發言之前，就掌握住他的心理狀態，然後輕鬆地尋求應對之道。

「保持距離，以策安全。」這句話不僅是交通標語，更能夠忠實地反應人類的警戒心。那些專揀偏遠角落位置的人，或者僅將臀部附着於座椅前端的人，均在無意識中，流露出隨時想奪門而逃的深層心理。

每個人的姿勢皆相當於一具有力的表示器，能夠敏銳地反應出他的深層心理狀態。有一家大規模服飾公司的人事主任告訴我，每回招考新職員，進行口試的時候，他都以應徵者的姿勢，做為決定合格與否的重點之一。他認為太不像樣的姿勢，當然是不行的；然而挺直背脊，雙手平放於膝上，面無笑容，始終紋風不動的應徵者，他也會毫不考慮地打個「×」，將她淘汰了。

我頗感興趣地追問他，根據什麼理由訂立此項標準？他振振有辭地表示，該公司的主要業務是展售新穎的服飾，需要接觸各種類型的顧客，必須徵聘一些能夠與陌生人坦然交往，並且與對方的心靈發生感應的職員。至於那些採取拒人千里的姿勢者，通常慣於塑造一些無形的圍牆，將

警戒心常表現於特殊或做作的姿態上。

自己與外界隔絕，並且隨時保持警戒心。如果連這些心理狀況，都明顯地表露在態度上的話，更是絕對無法適應該機構的需要了。

我覺得這位人事主任的看法，頗有道理。的確，我們這些心理學家與求教者面談的時候，首先我們安排對方在適當的距離外坐下，然後自己也儘量採取鬆弛的姿勢，接著特別留意，不使自己的視線直射對方，以便逐漸化解對方高揚的警戒心。

一般來說，許多不願讓外人透視自己的人，通常都會故意地移動視線，避免四目相投時，對方會穿越「心窗」，探察出自己的意念。同時，他還可以藉著上下移動的視線，仔細打量說服者，削弱對方的氣勢和信心。此外，他還喜歡與談話的對象，保持相當的距離，以免對方由自己閃爍的目光，探測到個人的意念。

姿態或眼神能夠將人們隱藏於深層的警戒心，完全暴露出來。因此，當你想要說服某個人時，只要能着眼於此種微妙的心理動態，就可以洞察先機，成竹在胸了。

採取適當的行動，鼓勵對方踴躍發言

——除去警戒心的攻心說服術之一

積極的表示關心對方

我們既已瞭解如何覺察對方警戒心的法則，就應該採取適當的行動，消除阻礙對方被說服的警戒心。

我們在進行遊說之前，若能先摘下對方警戒的面具，使他產生「姑且聽之」的心理，就可以獲得成功一半的把握了。

「我絕無任何不良的企圖，請不必如此心懷警戒嘛！」

如果你這麼率直地指摘對方，不但無法化解緊張、沉悶的氣氛，反而會造成反效果。對方發現你已看透他隱藏在心靈深處的事物，可能立即加强心理防線，以免自己屈居不戰而降的下風。

這時候，你必須見風轉舵，把來意暫時擱置一旁，先努力促進雙方情感的交流，使對方不自覺地鬆懈情緒，樂意和你做進一步的交談。

每個人的心理構造，均極爲複雜，可以概分爲外側的表層和內側的深層。人與人的交往過程，經常配合心理構造，必須由外而內，亦即從點頭之交依次漸達靈犀相通的境界，心理學家稱此種關係爲Rapport（互信和諧的關係）。確立友善的關係之後，雙方的心弦可以產生共鳴，自然地形成說服對方的先決條件。

曾經在百老滙名噪一時的魔術大師哈佛·薩斯頓，在四十年的表演生涯中，共吸引了六千萬以上的觀衆，總收入亦高達二百餘萬美元。探究其成功的秘訣，並非他擁有無與倫比的神技，而是由於他面對觀衆時，那種敬業的精神所致。一般魔術師常把自己的表演，當做謀生的手段，學習幾套江湖把戲之後，就趾高氣揚地站在舞台上，心中暗忖：

「哼！騙騙這些鄉巴佬，還不是輕而易舉的事！」

據說，薩斯頓每回上台之前，必定在心中反覆默唸：

「我愛觀衆！絕不能辜負大家對我的期待。我一定盡全力表演自己拿手的戲法，博得群衆一粲……。」

這種誠摯的信念，透過他的表演，傳達至萬千觀衆的心靈，難怪大家會爲他痴迷，並且讚不絕口了。

縱觀古今中外所有的名伶和大明星，都是將自身的才藝，完全貢獻出來，而與觀衆建立互信和諧Rapport的關係，並且歷久彌新地活躍在觀衆的心目中。

計劃主動說服他人的一方，倘若沒有包容對方的雅量，或者拒絕與對方建立和諧的關係，當然會有徒費口舌，却無法奏效之嘆了！我們若想將自己的意念，傳達給對方，並使其欣然接受，首先必須敞開胸懷，傾聽對方的肺腑之言，瞭解彼此的需求，然後積極地表示關心對方，爭取對方的好感，所謂「攻心爲上」，對方必定會心悅誠服。

有位汽車業的掮客，根據多年的工作經驗，觀察推銷的成功率是「滔滔不絕，賣瓜且自誇者三；沈默寡言，虛心求教者八」。他指出許多業務員，憑藉三寸不爛之舌，想從正面說服顧客，其成功率僅三成而已。

至於那些能夠控制自己的談話時間，耐心地聆聽顧客的批評或建議，然後謙遜有禮地提出改進之道者，必能贏得顧客的好感，其成交的比例，也就高達百分之八十以上了。

某大企業的負責人，曾經邀請十位該年度招攬壽險成績最佳的業務員，召開座談會，請他們將自己的心得，傳授給新進職員。令人驚訝的是，十位成功的業務員，竟然都屬於木訥型。由這些實例，我們可以發現，一般人對不善辭令者，較不會產生警戒心，同時常會不自覺地向對方吐

傾聽對方的談話，可以消除對方的警戒心。

露自己的心聲，以致說服者反而成爲忠實的聽衆。此種深獲我心的舉動，自然會使我們無條件地接受對方的指示，掏腰包購買他所推銷的產品了。

著名的女性精神分析醫師萊希曼曾經表示，在心理治療的過程中，傾聽病人談話是極重要的一環。醫師可以藉此掌握病人的心理動態，雙方產生「理解與共鳴」，成爲診治的第一個階段。

深層說服術的原理雖然與前面所述相同，但是，絕不可像個木頭人般，任憑對方嘮叨。否則，對方必定會意興索然，而產生不滿。如果想提高對方談話的興緻，使其自動開啟心扉，就必須輸送「我正在洗耳恭聽」的訊號，以點頭表示同意，上身前傾做出關懷狀，表情親切，微笑著安慰對方……。同時，用誠摯的語氣說話，如：「唔！是的！」、「我非常了解你的感受……」、「你的意見很寶貴！……」這樣，將使對方產生受重視的喜悅。

對待那些企圖藉做作的神態或言辭，來掩飾警戒心的人，必須更有耐心地善加撫慰，使他逐漸放鬆情緒，願意和你合作。

有時候，你實在無法苟同對方的謬論，却必須忍耐，暫且表示贊同，然後再伺機開導他，誘引他突破自我的壁壘，和你打成一片。這樣，總比雙方各執己見，僵持不下，要有意義多了。

盡量設法進入對方的自我核心部

美國心理學家艾克曼曾經做了一項實驗。有位堅決反對死刑的學生，義憤塡膺地向他訴說死刑的弊害，認爲那純粹是一種野蠻、殘酷、不人道的制度。艾克曼耐心地靜聽他的高論，不時點頭，發出「不錯！」、「很對！」之類的贊同語。最後，竟然三言兩語，就完全扭轉了那個學生的觀感，吸收了一名同志！這完全是因爲艾克曼以退爲進，巧妙地消除對方的警戒心，使之產生受重視的感覺，繼而馴服地接受相反的意見了。

女性基於矜持的心理，通常不願意爽快地應允男性的邀約，遂找出各種藉口，委婉地拒絕對方。

「下班後請我看電影呀！可是……今天晚上家裡剛好有點事必須處理。……這兩天的公事特別繁重，緊張忙碌之餘，使我覺得身體很不舒服……。」

「噢！眞不巧！沒想到妳最近這麼勞累，竟然連晚上都沒空！健康的身體是一切的基礎，妳有沒有請醫生檢查，對症下藥呢？」

「其實也沒有什麼重要的事情。……至於感冒頭痛嘛！只要休息兩天就會好的！」

「旣然如此，我就放心了。那麼，可否請妳打個電話回家，交待一聲，然後我陪妳去散散心好嗎？」

「你設想得很周到，不過……。」

「好囉！不要再猶豫了！我會早點送你回家……。」

這位聰明的男士，能夠順著對方的語氣，處處爲對方着想，使對方情不自禁地答應他的邀約。

除了某些性格怪異的人，通常，「情」遠較「理」能夠打動個人的心弦。有些尚未開竅的人，常喜歡據理力爭，堅持自己的原則。面紅耳赤之餘，不僅未能贏得對方的信服，反而强化對方抗拒的決心。此時，如果改用微笑戰略，和善地表示和對方站在同一陣線上，虛心接受對方的意見，必定能使對方不再堅持己見而改變態度。在這種微妙的狀況下，很可能會不自覺地採納說服者的意見；同時，此種態度並非導源於理智的層次，而是在深層的核心部滋長，因此，其效果也就更加迅速而顯著了。

個性內向或城府較深的人，通常不會輕易向外人吐露心聲。倘若繼續保持沈默，絕不可能有任何收獲。此時，遊說者就必須設法打開僵局，一面聊有關天氣等通俗的話題外，還可以藉觀察對方的服飾，如服裝的顏色、領帶、手錶、袖釦等，大致瞭解對方的嗜好及性情，提出一些相關而有趣的話題。如此，受矚目的一方，必定不好意思再拒人於千里之外了。

提示對方某種無意識的舉動，也是揭開話匣子的最佳途徑。譬如：你發現對方用手指不斷地輕敲桌面，就可以順口發問：

「你平常喜歡彈鋼琴或是其他樂器嗎？」

遇到喜歡在桌面用小指尖劃寫的人，就應該說：

「哇！你的小指既纖細又秀麗，……」

這一類的話題，必定能夠吸引對方的注意力，而無暇兼顧警戒心，自然可以融洽地溝通雙方的意見了。

道路兩側的流動攤販，時常會在地面上，劃個圓圈或三角形，於四周擺設一些成品，自己站在當中，口中不斷喃喃低語……。路人往往會好奇地駐足圍觀，攤販遂伺機扯開嗓門大吼：

「各位鄉親！兄弟很榮幸地向大家介紹……。」

這樣，他們常能圓滿地達成招攬生意的目的。

相同地，遊說者可以做一些小動作，引發對方的好奇心，繼而消除無言以對的尷尬。

有位剛出道的新聞記者，到一家人皆公認即將倒閉的公司，訪問該公司的宣傳課長。對方嚴陣以待，拒絕提供任何進一步的消息。記者的經驗不足，雖然有無可奈何之感，却不甘心就此打退堂鼓，遂預備採取持久戰。

記者想藉抽煙來解悶，摸遍全身衣褲的口袋，竟然找不到香煙。祇得走到衣架旁，想到風衣口袋裡搜尋。課長先生忍不住用關懷的語氣探問：

「有什麼事需要我效勞嗎？」

記者紅著臉，把原委告訴對方。課長莞爾一笑，立刻熱忱地取出自己的煙，請記者同享呑雲吐霧之樂。經過此一轉捩點，雙方開始暢談，使記者如願以償，作了一次翔實而精彩的獨家報導。

這樁事例，彷彿「無心插柳柳成蔭」一般，記者誤打正着地取得開啟對方心靈的鎖鑰。但是，見微知著，此種藉小動作消除對方警戒心的方法，倒是頗值得我們仿效。

本則實例

1. 聆聽對方談話，有時將上身前傾，積極表示關心之意。
2. 用點首或得體的應對，傳達重視對方的訊號。
3. 談話中，必須面帶微笑，維持親切和睦的氣氛。
4. 對方沈默不語時，可以由其服飾，或者某些無意識而有趣的小動作，逐步擴展話題，使對方欣然接腔。
5. 提出讓對方產生好奇心的話題，乃消除警戒心的最佳攻心說服術。

發掘對方與自己的相同點

——除去警戒心的攻心說服術之二

表露自己的內在，化解對方的心

有時候，我們發現無法與深具戒心的人，溝通感情的原因之一，在於對方抱持著「我倆根本處於不同世界……」的想法所致。試忖：兩個生活環境、思想背景、宗教習慣……等，完全不相同的人，初見面，當然會有格格不入之感。爲了突破此種障礙，必須讓對方相信，彼此隸屬於同一世界，皆是某集團（Group）內的一份子。

要想規勸酗酒者除此一惡癖，最具說服力的，是曾經嚐過酒精中毒之苦的「過來人」。因爲互相間的集團意識，足以迅速地化解彼此的警戒心，使其願意敞開胸懷，虛心接納善意的勸導。

一個熟練的家庭訪問推銷員，只要一入某戶人家的大門，就能夠立卽找出一個使主婦感興趣的話題，引發對方的談興。例如：客廳的茶几上，擺置著一瓶康乃馨，他就會極力誇讚，並且說：

「康乃馨，一直是我最喜愛的花，經您的慧心巧手安排之後，更顯得秀逸不凡，實在太美啦！……」

如此，定能使對方有深獲我心的喜悅，很快地並列於相同的陣營內，不好意思讓你失望而返了。

一對初次見面的朋友，通常會提出諸如此類的話題：

「府上是南方人吧！……」、「您是那所大學畢業？」

這種慣例，雖然使人有無足爲奇之感，一旦發掘出雙方有某項共同點，都會覺得分外親切。譬如兩人都是T大畢業的學生，立刻就會緊握雙手，喜形於色地說：

「哈！眞巧！我們竟然是校友哩！……」

陌生感和警戒心遂在刹那間化爲烏有了。

葛里哥來畢克曾在一部影片中，飾演一位亡命於法國的西班牙游擊隊員。有位神父趕來告訴畢克，他的母親已在故鄉逝世了，畢克却頑固得不肯相信。因爲神父在西班牙的時候，曾經替一幫與政府勾結，禍國殃民的惡徒效力，所以在畢克眼中，神父與他是勢不兩立的敵人。但是，當畢克知道神父的故鄉，是他歡渡童年時光的城鎮，警戒心立刻消除了一大半，願意和神父建立友誼了。最後，畢克爲了拯救神父，不惜犧牲了自己的生命。

這祇是一段虛構的故事，且情節略嫌誇張。但是，相信大家都曾有過類似的經驗，倘若初交是自己的同鄉，你必定能夠毫無拘束或隔閡地與對方把臂言歡了。

「君家在何處？妾住在橫塘。

停舟暫相問，或恐是同鄉。」

此首五言絕句，充分流露出國人喜歡發掘「認同感」的心理。僅需藉「同鄉」此一微小的共同點，卽可以成爲結識朋友的最佳契機。

許多人經常爲找不出適當的話題，與初交暢談而煩惱。筆者欲在此野人獻曝，提供大家一種頗具效果的方法。

B先生是一位經營房地產的大商賈，每當他遭逢旗鼓相當的對手時，都會先設法調查對方的家庭狀況，然後出奇制勝。有一次，我以保證人的身分，列席由B先生主持的商務會議。當我將一位學弟，亦卽此次會議另一方的代表，介紹給B先生時，B先生立刻胸有成竹地說：

「我倆曾有過一面之緣，我記得令郎今年應該升小學三年級了吧！……」

學弟臉上原本略帶僵硬的表情，很快地鬆弛下來，堆著滿臉笑容，愉快地說：

「老兄的記憶力眞好！小犬確實唸三年級了。唉！他調皮搗蛋，眞令我吃不消！……」

接者，兩人就一見如故地談笑風生了。

這件事令我留下極深刻的印象。將與對方關係密切的第三者，當作開場白，實在是明智之舉，即使不能成功地臻於水乳交融的意境，至少可以瓦解對方嚴拒的心理，使你有機會從事進一步的努力。

曾在富蘭克林・羅斯福總統麾下，任新政首長的吉姆・法爾里，有一項令他人望塵莫及的特長。他和每一位初次會晤的人交談時，都會殷勤地探詢對方的姓名、家庭狀況、職業及政治見解等，然後牢記於腦海中。據說，一、二年之後，兩人再度見面時，吉姆還能夠如數家珍地道出對方親友的名號，並親切地向他們一一問好，這種卓越的外交才能，遂使吉姆成為當時政壇上的風雲人物。

相對地，主動將自己的生活狀況，適度地表露出來，也能夠促使雙方形成共同的心理意識。某次地方官員選擧期間，數十位候選人競爭得極爲激烈。其中一位候選人的助選參謀，發現多數中下階級的選民，對該候選人深具戒心，並競相走告：

「××常自詡爲高級知識份子，一副道貌岸然之狀，令人難以親近。他一定不屑替我們這些升斗小民謀福利。」

參謀立刻請候選人改變戰略，强調自己是四個千金的慈父，絕對禮賢下士，關心民衆疾苦……。不久，選民們改用嶄新的眼光來觀察候選人，發現他的確是位和藹可親的模範父親，並且儼然是標準丈夫，紛紛轉而支持他，使他以最高票光榮地當選。

由此可見，欲說服某些自負或略感自卑者以前，先有意無意地將自己的家庭狀況、經歷、嗜好等，坦然地告訴對方，讓對方加深對自己的瞭解，縮短相互間的距離；甚至於將自己某些無傷大雅的缺點，不加掩飾地暴露出來，暫時讓對方高居上風，並使其解除抗拒之心，然後急劇地轉入正題，使對方在倉促之間，毫無招架之力，唯有俯首稱是了。

交談時呼喚對方的名字，可以增添熟絡的氣氛

富蘭克林．羅斯福總統曾經訂購一部轎車，當轎車送至白宮時，衆人將製造轎車的技師介紹給總統。然而，當總統爽朗地與參觀者談笑時，這位羞怯而不慣與陌生人周旋的技師，始終沈默地佇立一旁。不久，衆人告退之際，羅斯福總統却特地走到技師面前，毫不思索地喚出對方的名字，同時親切地同他握手致謝。

羅斯福貴為總統，竟然能夠叫出只聽過一遍，且地位卑微者的名字，使在場的賓客皆為之動

容，技師更是感激得無以復加。倘若總統不喊技師的名字，祇是禮貌性地和他握手道謝，這件軼事，也不會成為流傳迄今的佳話了。

我們和新朋友交談時，不要忘記適時地呼喚對方的名字或雅號，如此能使對方感到自己頗受重視，而不自覺地開啟心扉，熱誠地歡迎新加入的夥伴，談話的氣氛也會更加和諧而融洽了。每個人對自己出生以後，即十分熟稔的名字，通常都極為敏感，尤其聽到他人用柔和親切的語調呼喚它時，更覺得渾身舒暢。

「××先生！您的看法竟然和小弟不謀而合！」

「○○兄！您的高見眞是發人深省！」

請讀者們注意，當您與人交談時，能夠適時地輕喚對方的姓名，必定能夠獲得意想不到的效果。

此外，為了加强彼此的認同感，將對方引入自我的陣營，可以嘗試少用「你、我」對立的人稱代名詞，而統稱「我們」。我的一位朋友客居美國的時候，曾患病入院治療；當時他一個人孤寂地獨處異鄉，復因病魔纏身，情緒低落極了，第二天清晨，有位主治大夫到病房來探望他，同時親切地問：「How are『we』today ?」使他頓時覺得滿室生春。

如果這位醫師以「How are『you』today ?」此種尋常的問候語，絕不會讓人有特殊的感受。但是他巧妙地將「you」改成「we」，就有「讓我們共同努力」的鼓舞意味，使對方驅除孤獨無依之感，信心百倍地和惡劣的環境搏鬪了。此後，縱使那位醫生對我的朋友提出一些不情之請，我的朋友都毫不推辭地欣然允諾了。

時常說對方愛聽的話

說服術是一門極深奧的學問，必須衡量當時的對象和場所，採取適當的對策。當你發現某些話題容易引起聽者誤會，或刺傷對方的感情時，就不可魯莽地明言，而應該採取迂迴或抽象的詞彙，讓對方免除下不了台的尷尬場面。

請勿高嚷：「哎呀！你怎麼如此不中用，竟然連這點兒小事都辦不好！」應該用體諒的語氣，委婉地說：「處理簡單的事，反而更容易出錯，這幾乎是每個人的通病，你無需耿耿於懷！」不可冒昧地說：「天啊！你竟然這麼老了！」應該讚美對方：「你確實駐顏有術，居然看不出絲毫的老態。」如此，定能賓主盡歡，雙方感情倍增。

倘若有人爲家中的淘氣孩童而怒氣冲天，你就可以告訴他，這是小孩子的通性，況且越愛搗蛋的小頑童，越是聰明伶俐，應該引以爲安慰才是。至於美人遲暮，慨嘆年華老去的時候，則以

「自然界的生物，皆有老化的現象；而年齡的增長，却使人更爲成熟與睿智……」之類的話語來勸慰她。

總之，當你面臨與上述類似的話題時，應將男、女、老、少等，一般化的詞語，來代替第二人稱單數名詞，使對方覺得有所依傍，警戒心也就自然消失了，更會下意識地贊同說服者所提出的道理。

每人幾乎都有自己喜歡的詞彙或語調，只要聽到這些特定語，就會立刻產生共鳴，頓時瓦解心理的武裝。例如：山東人聽到鄉音，馬上有陶然如醉之感，北平人乍聞標準的京片子，定會怦然心動，湧現一股如逢故友的興奮情緒。如果你想遊說一位平常是麻將迷的同事，不妨在談話時穿插一些麻將術語，引發他的興趣；倘若對方是棒球迷，那麼，「全壘打」、「三振出局」、「接殺」、「盜壘」……等術語，將會產生魔咒般的效果，使他很快地和你稱兄道弟了。因此，活用各種專門性的術語，作爲談話時的點綴，必定會收到令你喜出望外的效果。

流行語是某些風行一時的特定語，這些詞語通常都是在偶然的因素下發明的，且與原意迥然不同。譬如目前極爲流行的「蓋」、「馬子」等特殊的字眼，乍聽之下，眞令人有墜入五里霧中之感，怎麼會想到它們是「吹牛」與「女孩」的代稱呢？但是，這些流行語的傳播速度，極爲驚人，接觸幾次以後，多數人就會見怪不怪而朗朗上口了。年長者或地位高的人，若想成功地說服

談話時，運用對方熟悉的語調，並穿插適當的流行語，足以鬆脫警戒的心理。

那些桀傲不馴的年輕人，在談話中加入幾句流行語，必定可收畫龍點睛和近似特效藥的效果。

筆者和一些工作同仁，曾經印製一份「流行語表」，分發給各初、高中的老師，請他們解釋這些詞語的用意，然後再調查學生們的反應。

結果發現，能夠正確並且極具技巧地使用流行語的老師，通常都較受學生歡迎。老師們也紛紛表示，流行語確實能消弭代溝，化解學生們敬而遠之的心理，在教學上不失爲一項有效的器具。

本則實例

1. 探詢對方的籍貫、母校，表現親切感。
2. 以對方的生活圈內，關係極密切的第三者為話題。
3. 暴露自己的內在狀況，消弭對方的警戒心。
4. 交談中應時常呼喚對方的名字。
5. 偶爾以「我們」代替「你」或「您」來指稱對方。
6. 觸及易生誤會或損傷對方的話題時，避免用確定的人稱代名詞，改為複數的通稱或抽象的詞語。
7. 運用對方喜歡的語調、詞彙或流行語，使其喪失抵抗力。

勿根據對方的理論，而應憑藉其心理動態來交談

——除去警戒心的攻心說服術之三

由瑣碎的事物開始交談

在深層說服術的範疇內，措辭譴句的功夫，雖然是極重要的項目，而如何控制話題的進展使其生動有力，更爲不可或缺的一環。許多人常誤以爲只要自己能井然有序地，將某些堂皇的道理灌輸給對方，對方必定能夠理解，同時會欣然接受。事實上，要吸收一名同志，或爭取對方的合作，絕非想像中這麼簡單，必須將話題調整至雙方傳達通訊時，心理思潮的週波符合一致才行。

我經常聽到許多人抱怨：

「我雖然能夠聽懂對方話中的含意，却總覺得不夠確實！」

這是因爲雙方尚無法契合，聽者仍心存猜疑的緣故。爲了使說詞能夠通達對方的深層心理，

有時暫停談論，不着痕跡地轉變話題，由四周相關的瑣事開始交換意見，使對方的心理不再設防，當可收意外的功效。

推銷員遇到拒之唯恐不及的對象，通常都會和悅地說：

「不買無所謂，請您拿起來看看好嗎？」

此種要求對方做一些簡易的動作，引發其好奇心，可免除直接說服，令人產生反感的危機。倘若他所推銷的產品是香水，他就會進一步鼓勵對方打開瓶蓋：

「您聞一聞，這種芳香是多麼清新迷人啊！……」

然後再伺機將價款告訴對方，如此步步爲營，由小而大地累積起來，終必能激起對方的購買慾。

說服者若想將自己的說詞推銷給對方，誘使他「購買」，必須先認淸對方的心理，在不使其感受到壓力的原則下，輕輕推動他，使他自動將警戒心的栅欄，逐漸降低，直到你能夠輕易跨越爲止。

爲了減輕對方的心理壓力，我們不妨假藉第三者的口吻，說出自己的意見。心理學家堅尼斯·塔威利曾以卅一位志願者爲對象，進行「香煙是導致肺癌的主要兇手，必須戒除或者減量」的說服實驗。他將受試者分成兩組，對其中第一組用恫嚇的語氣，敍述肺癌患者的痛苦經歷；另一組則請權威性的專家，客觀地分析香煙的弊害。

實驗結果顯示，飽受威脅的一組成員，雖然對肺癌深具戒心；可是，實際上決定戒煙，並且付諸實行的人數，却以第二組爲多。據統計，第一組有百分之卅六的受試者，願意退出癮君子的行例；第二組竟高達百分之六十六點八，幾乎爲前者的兩倍。

香煙↓肺癌↓痛苦↓死亡，以理論而言，幾乎已經成爲確切不移的公式了，却仍舊無法深入每位受試者的心理。倒是假藉權威性的第三者，提出一些溫和的勸告，反而容易奏效，此種說服術的技巧和運用，確實發人深省。

先提出結論，再作詳細的說明，往往較能奏效

當你預備向對方提出一番長篇大論的道理時，最好先明確地把結論告訴對方，以免產生不必要的隔閡。此法亦符合「最少作用」的原理，可收事半功倍的效用。爲了滿足對方渴望知悉原委的心理，先把來意明示清楚，讓對方平心靜氣地聆聽你那冗長而複雜的演說，才是應有的程序。

除了此種防止對方拒絕或否定的「心理準備」（Mental set）外，另外可以用「蘇格拉底式的問答法」，大膽地一開始就佈置某種氣氛，讓對方不得不首肯應允。古希臘的大哲學家蘇

格拉底，最擅長提出令對方必須回答「yes」的問話。他像一位高桿的撞球手，操縱球桿驅使球朝著肯定的方向滾動，絲毫不讓對方有餘暇考慮或修葺警戒心。

美國西屋電器製售公司，在其訓練推銷員所使用的「推銷守則」中，記載了許多成功的推銷實例。玆摘錄一則，使讀者窺知大要。

有一次，一位顧客購買該公司出品的馬達之後，打電話到總公司抱怨，道：

「貴公司製造的馬達性能欠佳，使用之後熱度極高，使我們無法用手觸摸！」

公司立刻派遣一位資深的業務員，到對方的工廠檢驗。業務員見到該廠的負責人之後，先極

說他愛聽的話、流行語啓開警戒的心扉。

力道歉，平息對方的怒氣，然後說：

「倘若敝公司的產品，果眞如此差勁，我一定立刻代您辦理退貨手續，絕不會勉强您使用略帶瑕疵的成品，因爲如此一來，必定會損傷敝公司百餘年的信譽，反而得不償失了。……請問董事長：選擇檢驗局檢驗合格，同時其散熱度在標準規格以下的馬達，是否最爲安全？」

「是的！」

「那麼，標準規格是否較室內溫度高出華氏七十二度？」

「唔！不錯！」

「請問貴廠的室內溫度是多少？」

「大約華氏七十五度左右。」

「七十五度加上七十二度，爲華氏一百四十七度，換算成攝氏亦高達六十餘度。倘若我們把手探入如此高溫的水中，是否立刻有燙傷的危險？」

「那倒是眞的！」

「現在，請看溫度計所示的溫度爲華氏一百卅二度，雖然尙未超過標準溫度，可是不愼直接用手觸摸的話，也難免會有刺痛之感了。……」

對方在業務員銳利的語鋒下，欣然地消釋疑慮，並且同意訂購另一批馬達。

人類採取抗拒的姿態時，必須動員全身的肌肉、神經、內分泌線，臻於極度緊張的狀態，力圖克敵制勝。可是，你如果能夠巧妙地誘使對方不斷地回答「是」或「不錯」，對方必定會鬆弛下來，轉而形成願意包容異己的態勢了。因此，只要對方出現願意首肯的「心理準備」，必定能達到說服的核心，解除對方的警戒心。

本則實例

1. 先談論一些瑣碎的事件，然後逐漸進入本題。
2. 借用第三者的口吻，提示遊說的主旨。
3. 討論內容複雜，煞費口舌的話題時，先說出結論，效果較為顯著。
4. 連續地發出逼使對方只能做肯定答覆的問題，令對方於無形中喪失抗拒心。
5. 說他愛聽的流行語，啓開警戒的心扉。

第二章　如何改變他人的想法

如何察覺阻礙對方被說服的成見

當你企圖說服對方時，曾否遭遇到下列的拒絕態度？

※假裝聽不清楚你說的話語。

※堅持一項僅有的理由，不斷地責難你。

※用「不行就是不行！」等，不成理由的理由來拒絕。

※以謙遜的態度，提出委婉而堅定的反駁。

遊說對象的成見，流露在他與生俱來的殘疾中

美國著名的說服家，鋼鐵大王卡內基（D. Carnagie）曾說：「準備說服某個人之前，不要認爲對方是理性的動物，而應該體諒對方是一個充滿偏見和成見的感性動物。」

每個人的心理多少會存有一些成見，譬如：「A廠的產品質地欠佳，日後絕對不再問津了。」「推銷員都是一些口蜜腹劍，爲達目的而不擇手段的小人。」「勞資永遠是對立的，上司只是一批利用部屬的傢伙！」……等。倘若有人想修正我們的偏見，無論他的立論多麼正確，談話內容如何感人，恐怕都很難有立竿見影之效。因此，除非突破此種成見的壁壘，否則定無法說服對方。

「不問學歷、經歷、年齡」是一本頗富趣味性的小說。內容係描述兩位推銷員，爲了爭取銷售床鋪的績效獎金，四處奔波時，所遭遇的各種趣事。書中的兩位主角，A是一位能言善道、精神飽滿、行動敏捷，看來很有辦法的年輕人；B則爲老成持重、慢條斯理、沈默寡言的人，但是他經常能夠出奇制勝，令A驚訝不已。

有一次，B竟然成功地說服了某肥料公司的負責人，雙方簽訂合約，一口氣銷售了六張床，

使每個人皆刮目相看，誇讚不迭！B究竟使用何種手法，令對方如此地捧場呢？原來肥料商是一位既聾又啞，殘而不廢的人。但是，以往陸續前去拜訪的推銷員，只要發現對方是個口耳失靈的殘障者，就會很快地掉頭他去。唯獨B能夠耐心地與對方進行筆談，雖然耗費不少時間，收獲却極爲豐碩，眞可謂不虛此行，滿載而歸。

我以深層心理學的觀點來解釋這個故事，發現命運坎坷的肥料商，必定懷著「健康的人多數皆以自我爲中心，不知體恤我輩，和他們應對時，必須特別謹愼，尤其是那些推銷貨物的傢伙……。」因爲他們平常容易受人利用，或者自以爲遭人忽視，故猜疑心和成見特別深刻，經常流露出抗拒他人的神色。多數的推銷員不瞭解對方的心理，他不知道應該採取何種方法來除去對方心理的藩籬，同時自身也隱然有「和聾子交談，是樁徒然無功的事」的偏見，所以總是不戰而退。

B發現對方生理上有缺陷之後，毅然放棄慣用的「推銷術語」，改藉紙、筆和對方交換意見，並且按耐脾氣，逐步消除對方的成見和猜忌，終於克盡全功。

一般人總喜歡用自己擅長的手腕，或自己信服的理論來遊說他人，倘若遇到同樣固執，而且成見頗深的對象，就唯有徒呼負負了！爲了避免强化對方的抗拒心，絕不可盲目地採用此種單方面的說服術。應該根據對方的生活環境，以對方所擅長的表達方式，安排一種融洽的氣氛，鼓勵對方傾吐主觀的成見，然後才尋求適當的對策，將對方誘導至與自己相同的立場。

睿智者常能洞悉對方的成見與自己的觀點之間的差異點和一致的部份，並加以客觀而理智的分析，然後暗示對方，成見是人類與生俱來的通性，應該盡可能地敞開來討論，不需要隱晦忌言，藉以消除莫須有的誤會。

最後，當你確認對方的成見已經根深蒂固，無法於短期內消除的時候，就應該仿照推銷員B的方式，先友善地和對方套交情，毫不急躁地反覆說明己意，培育對方新的成見（卽與你相同的意見），一旦水到渠成，你的耕耘必會有收獲的。

對方在談話中使用「斷然的語氣」，往往是成見的表現

我們在評論事物時，經常會下意識地使用自己的評價基準，諸如：「我曾經上過當，所以知道那家百貨公司的東西非常昂貴。」「老年人都是頑固而不講理的。」「獨子都有依賴性」、「父親都是嚴厲而不易親近的人物」、「政治家都是高級騙子」……等等，眞是數也數不淸。這些讓我們深信不疑的觀念，經常會左右我們爲人處事的態度，卽一般人所謂的成見、偏見或固定觀。

這些成見，無法用科學方法，整理或證明出「A＝B」的公式，它們經常隨著個人的情緒，

或接觸的環境而改變，有時候甚至於突如其來，茫無頭緒，且無法以情理擅加範圍。舉例而言，某個人曾為流動攤販所騙，此後，他很可能武斷地堅持「路邊攤無好貨」的成見了。

美國的孩童自幼生活在歧視黑人的環境裡，長大後自然形成「黑人劣於白人」的偏見。根據實驗的結果，白人對黑人的偏見，與其接觸黑人機會的多寡無關，反而與其家世、生活環境、學歷、性情等因素有密切的關係；同時，此種偏見的深淺程度，常與年齡的增長成正比。

成見是個人根據自我的閱歷，以及對周遭事物的體驗，累積而成的。這種偏愛或憎惡的態度，不僅狹隘而且不合義理；但是，它也勉强可以稱為「生活的智慧」，可以擔負保衞自我的任務。因此，許多人雖然明知自己的成見不可取，却始終不願意妥協，其出發點即在此。

我們既然瞭解，成見純粹是情緒的產物，並且常與日俱增，非朝夕所能改善的。那麼，或許讀者們會大惑不解地問：「難道找不出有效的化解之道嗎？」的確，根植於深層心理的成見，委實不容易革除。但是，這些成見既然僅存於狹隘的個人世界，且並無絕對的依據或標準，那麼，起碼我們可以嘗試著削弱或撼動這種感情吧！

成見大都發源於當事人的舊經驗，所以，當他面臨無法以舊經驗推測的事件時，這種判斷標準就會失去了平衡了。因此，遊說者若能列舉一些對方聞所未聞的實例，以先聲奪人的氣勢，將自己的意見灌輸給對方，則其固有的成見，很可能會轉而傾向於說服者一方了。

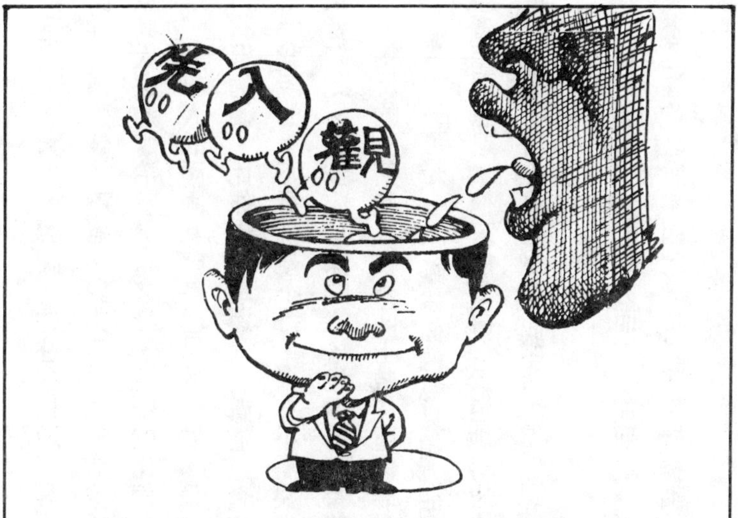

有成見的人經常會提出不成理由的理由，
拒絕說服者。

如此，對方平素所堅持的「生活智慧」，其內容亦隨之調整，重新塑造一些新的成見，以致遊說者及其對象之間，也產生新的人際關係。猶如一個抱持「我最討厭保險」成見的人，突然被一位保險公司的業務員說服，決定投保壽險。究其原因，此人若非有「我一向誤以爲保險是騙人的玩意兒……竟然還眞有這些好處！」的領悟，卽是他發覺「以前我接觸的業務員都是些油嘴滑舌，不入流的角色，沒想到這個業務員却是個忠厚老實的高手。」總之，那位業務員必定深諳說服術，始能消除對方的成見，助其培育「新的成見」，圓滿達成任務。

許多在心靈深處存著成見的人，爲了

拒絕或否定對方的說詞，往往會採取充耳不聞或故作聽不清楚的策略，令對方不勝其煩之餘，自動地打退堂鼓。不過，對方若是個雄辯家或說服圈內的高手，就會洞悉其防衞自我的心理狀態，以其人之道還治於其人之身，獲勝的比例仍是頗高的。

老年人的頑固和堅持己見的態度，是一種常見的、赤裸裸地發洩成見的型態。他們喜歡抬出「我過的橋，比你走的路還長，難道還會出錯嗎？」之類的謬論，來堵塞對方；或者任性地叱道：「我說的，不行就是不行，根本不需要提出任何理由來解釋！」唉！眞令人束手無策！不僅年長者如此，許多成見深的人，也慣於執持某項理由當作擋箭牌，蠻橫無理地反駁你的意見。

相反的，某些人在表面上故作虛懷若谷之狀，似乎願意虛心受教，最後却加上「但書」，以「不過」、「可是」、「雖然你的意見頗高明，礙於……」等推托之辭，來維護自己的成見。倘若說服者因而撤退，他可能會喜形於色地尋思：「果眞不出我所料，還是自己的看法正確！」「我一度以爲對方既然來勢洶洶，必定已有成竹在胸，其實也不過如此而已！」遂變本加厲地强化其成見了。

針對提出說詞的一方而言，如何使此種不輕易妥協，執着於成見的人，沒有沾沾自喜的機會，才是首善之道。因此，筆者將陸續提供一些具體的方法，供讀者們參考，然後從中選擇權宜之計。

誘導對方吐露眞言，勸說由客觀的立場來研討事物

——除去成見的攻心說服術之一

縱使對方發出違情悖理的謬論，也儘量不予反駁

前文曾論及，成見係導源於個人狹隘的體驗，故說服者若能設法拓寬對方的視野，牽引其走出自我的象牙塔，主動發現「天外有天，人外有人」的眞相，並且暗中慨嘆：「自己以往眞是坐井觀天，竟然漠視了許多眞知卓見！」如此，你所提出的遊說，就可謂成功一半了。

欲達成上述的目的，必須先誘導對方吐露個人的成見，然後客觀地審察對方，擬訂可行的策略，有位資深的採訪記者曾經告訴我：「訪問的秘訣是自己儘量少開口！」這句話確實很有道理。記者們面對著一位素昧平生，尚無法揣測其是否懷著某種成見的人，往往不敢信口開河，或者貿然發問，以免觸犯對方的忌諱，令其惱羞成怒，下達逐客令或拂袖而去，可就顏面盡失，無地

自容了。

我們可以運用記者採訪時的技巧，試圖說服深具成見的人。首先，應該誘導對方吐露成見，然後不着痕跡地讓對方察覺，其錯誤的所在和理由。絕不可直接了當地批評對方：「你的想法眞是幼稚而可笑！」「你的話未免太不合邏輯了！」因爲由深層心理學的觀點來說，這才是最爲笨拙而可笑的方法。無論何等偏激而狹隘的成見，都是個人世界觀及人生觀的一部份，縱使外人覺得荒誕或可笑，却依然不失爲支持其人生的判斷基準。

在這種心理狀況下，說服者若狂妄地否定或批判已身最珍貴的信念，很可能會破壞對方所留下的好印象，更加緊鎖心扉；卽或對方的說詞頗爲正確，亦憤而拒納了。因此，聰明的說服者會委婉地說：「你的看法很對。不過，是否另有如下的論調呢？……」令對方主動地自我反省，將其成見客觀化。

不觸及本題的迂迴說服術

精神治療法之內，有一種技巧爲不觸及本題，讓病人談論與主旨相關的瑣事，醫師則從旁勸導，很自然地使病人改變觀點，從善如流了。美國精神醫師米亞茲博士，於其著作「如何觀察他人的眼光」中，引述了許多實例，說明察言觀色及說服他人之道。米亞茲博士曾遊說一位即將拋棄丈夫、兒女，投奔情夫懷抱的少婦，在談話中根本不提丈夫或兒女之事，却能使她幡然醒悟，第二天就改變初衷，再度成爲一個賢妻良母。此完全歸功於博士能夠旁敲側擊地將「離家出走絕非明智之擧」的觀念，灌輸至少婦的腦海，使她深深地覺悟到衝動的後果將不堪設想，遂能懸崖勒馬，未鑄成大錯。

將此種技巧，運用於遊說有成見的對象時，亦可奏奇效。倘若我們長驅直入地痛責對方抱持成見之非，必定會使其態度强化，雙方舌戰的結果，却無法獲得任何成效。因此，我們應該先行發問，找出其癥結所在，再輕抽淡寫地自我表白，故意不觸及本題，讓對方經過一番歸納後，自覺不當而自願妥協。

推銷語法中，也有類似的技巧。一位老練的推銷員，乍觀對方貌似頑固不易妥協的類型，就會先由周遭的瑣事，和對方漫談，然後伺機發問：「您爲什麼如此憎惡推銷員呢？」由對方的回答中找出令其產生成見的原因，然後委婉的表白：「我從來不做此種違背職業道德的事……」讓對方暗中比較，而逐漸發現所堅持的成見，是件毫無意義，以偏概全的傻事。如此，這位推銷員就勝券在握了！

說服者猶如一位雄辯家，他協助對方脫離「迂腐」的成見，促其產生新的動機，轉而折服於己方的見解。

本則實例

1. 以少說甚至不說話的態度為原則，使對方將主觀的意識，表露於言語或文字上。
2. 對方的話，無論何等荒謬或可笑，絕不可立卽反駁。
3. 選擇不觸及對方成見的話題，由相關的事物進行交談。

使對方於嶄新的體驗中主動地放棄成見

——除去成見的攻心說服術之二

以「視覺」代替「味覺」

通常，我們遇到固執己見，毫不猶豫地表示：「不行就是不行」的拒絕態度，且始終不願首肯的對象，常有力不從心，束手無策之感，只得頹喪地放棄說服對方的念頭。此種情形，與前文所述，推銷員面對耳聾的肥料商時，皆主動打退堂鼓，可謂不謀而合。可是，唯獨B却能突破對方失聰的障礙，改用筆談進行交易，使得肥料商捐棄成見，對推銷員刮目相看。由此可見，世上無難事，端視你的決心是否堅定而已。以說服術的觀點而言，這是將「聽覺」轉換爲「視覺」，使對方獲得嶄新的體驗，而欣然信服的範例。

此外，亦有將感覺器官中，「味覺」轉換爲「視覺」而獲得成功的實例。人造奶油發明之初，美國民衆都認爲其味道較奶油差，而不願購買。可是，人造奶油業者却自信，無論品質、味道、營養價值，人造奶油均可完全取代天然奶油。遂廣作宣傳，鼓吹人造奶油的優點，試圖除去大衆的成見，擴展產品的銷路。他們並且委託各種機構，追究產生「人造奶油不及奶油」此一成見的原因，並集思廣益地商討對策。美國深層心理學家派克德所著的「幕後的說服者」一書中，記錄當時的人造奶油業者，曾做過如下的實驗。

他們邀請數十位家庭主婦參加午餐會，餐後，詢問她們是否能夠辨別奶油和人造奶油？百分之九十以上的主婦，均極有信心地表示能夠分辨，因爲人造奶油較爲油膩，吃起來似乎有股臭味，令人不敢領教。接著，主持實驗的人員，分給每位婦女二塊奶油，一黃一白，請她們品嚐辨別。結果，百分之九十五以上的婦女，認爲白色的奶油味道鮮美、香醇，一定是天然奶油。至於黃色的奶油，色澤不佳，味道也令人不敢恭維，準是人造奶油！

事實却正巧相反，白色的才是人造奶油。主婦基於傳統的習慣，產生抗拒人造奶油的成見，尤其印象中好的奶油應該是潔白而稍帶光澤，所謂味覺的分辨，純粹是心理作用，毫無根據的說法。

這個事例告訴我們，成見往往能左右感覺器官，成爲心理學家極感興趣，不斷探討的問題。人造奶油業者於稍居上風之初，並未露骨地挖苦主婦們的味覺不靈光，或採取由正面摧毀她們成見的笨方法。業主們只不過再三强調人造與天然奶油之間的「類似性」，請主婦們發表改進的意見，使主婦們對此種宣傳手法，留下深刻的印象，也頗爲滿意。此後卽開始購買人造奶油，業主們亦成功地達到開拓市場的目的，可謂皆大歡喜。

我認識的一位業務員，他無意間聽到同事們批評某廠商的負責人，常在推銷員面前，熱誠地表示願意採購其所介紹的產品。可是，當這個推銷員再度前往拜訪時，他就嚴加拒絕，根本不承認自己許下的諾言。我的朋友立卽前去會晤這位負責人，他一再强調：「敝公司的售後服務是業者當中最週到而完善的……」這種方式，改變了顧客的成見，決定訂購一些產品。由此可見，洞悉對方隱匿於心底的成見，配合對方的需求，用銳利而不落俗套的說詞，使對方獲得新的體驗，自然地深入其核心部，卽可不費吹灰之力地獲得原定的效果了。

有時候，我們可以因人定計，不必推翻對方的成見，卽順利地說服對方。有位年輕的服裝設計師，當他獲悉新客戶的宣傳課長是位法僑，一向深以祖國爲榮。因此，他將樣本送交對方過目時，卽有意無意地强調：「據說這種款式，是今年巴黎最流行的……。」雖然這些服飾，完全出自設計師本人的手筆，但是他能夠抓住客戶的心理，所以迅速地說服了對方而接受他的創意。

懇切地開導對方，使其察覺他的成見並未獲得群衆的認同

偶爾，我們會因爲對某個人發生偏見，連帶地，對他所使用的器具，亦敬而遠之。我有一位朋友，當他由報端知悉著名的姦殺女性的惡徒，每回做案時都頭戴無沿而高聳的禮帽後，他對此種樣式的帽子就深惡痛絕，經過十餘年，仍無法改變此種偏激的心理。派克德亦曾列擧了相同的事例。

美國第卅二屆總統FD羅斯福，是一位衆所周知的酷愛煙斗之士，漫畫家也常喜歡捕捉他口含煙斗，愉悅而灑脫的神態，作爲他的象徵。可是，當時美國社會的中上階級，只要看到煙斗，就會聯想到羅斯福總統厲行「修訂資本主義」的新政策時，所帶給他們的各種限制，就覺得十分厭惡，遂對煙斗亦產生否定的偏見。再說，群衆對煙斗的輿論一向不佳，認爲吸煙斗的男士，皆是輕浮的紈袴子弟，或女性化的無聊男子，以致煙斗的銷路一直欠佳。

煙斗製造業者發現群衆心理的成見，立刻設計一套粗獷的煙斗，選用堅硬厚實的材料來製作，使得手持煙斗的男士，搖身變爲穩重可靠的紳士。這種以嶄新的型態，消除對方心中深存的壞印象，亦是極佳的說服術之一。

此外，我們若能使對方察覺，他們的成見僅是個人狹隘的體驗，並非普遍性的公意，他們就較容易消除成見了。但是，爲了達到此種目的，必須隨時提醒自己，態度務必要友善，言詞也應該客觀而理智，同時勿以對方的成見爲焦點，才能使對方欣然就範。某大學的就業輔導組長，每逢學生被介紹到不顯眼的中小企業去應徵時，就會先召喚學生前來，將該企業的歷史、組織、薪給制度、福利狀況等告訴學生，並儘量以優點爲主。使學生捐棄不屑低就的成見，高高興興地參加就業考試。

本則實例

1.以自然而懇切的態度勸說對方，使其瞭解自己所持有的成見，並未獲得群衆的認同，而是個人的偏見。

2.調整對方感覺器官的作用，使其將「聽覺」轉換為「視覺」，或以「視覺」代替「味覺」，協助其消除自己的成見。

3.倘若利用對方的成見，能夠形成有利的情勢，則不妨以其人之道還治其人。

4.為了除去對方心目中，與成見糾纏在一起的壞印象，必須不着痕跡地塑造一種完全相反的新形象。

擴大彼此的共同點

——除去成見的攻心說服術之三

誇張彼此之間細微的共同點

每個人對同一樁事物的成見或偏見都迥然不同，然而，縱使其差距頗大，亦難免會有某些共同點。

我有位朋友的掌珠於數年前于歸，據說促成這段良緣的因素，即是此種「誇張細微共同點」的說服術。

我的朋友是一位開明的慈父，他認爲只要女兒覺得快樂，生活幸福而美滿，就不需限定某種條件的男士爲婿了。但是，朋友之妻却列了許多條件，諸如家世、學歷、年齡、經濟狀況等等，必須完全相符，才能成爲東床快婿的候選人。

誇大彼此之間細微的共同點，以說服對方。

可是，那位千金却看中了一位不學無術，特立獨行的青年，不僅母親堅決反對，連我的朋友都面露難色了。不久，對方特別請託媒婆，到女家去遊說。朋友夫婦卽刻婉拒道：「謝謝妳的好意。可是，經過仔細考慮，小女的條件實在高出對方太多了……。爲了她的幸福着想，請恕我們無法太輕率地答應這門親事！」

媒婆立刻鼓起如簧之舌，極力鼓吹：

「二位請放心，我也完全站在爲令嬡終身幸福着想的立場，絕對客觀地分析事實，做爲賢伉儷的參考……。表面上看來，二個年輕人的外在條件，確實有些差距。但是深入地探討後，可以發現他倆志同道合，性情相投，對方既然深愛令嬡，將來絕不會虧待她的。……據說令嫒也早已芳心暗許，非君莫嫁了。賢伉儷既然以令嫒的幸福為前提，難道忍心拆散這對天賜良緣嗎？……盼你們三思而行。」

朋友聽了媒婆的一席話，開始冷靜地考慮。遂想到世間絕無十全十美之事，萬一阻止這樁婚事，以致愛女無緣遇到更理想的對象，豈不是愛之適以害之了嗎？何況，出嫁的是女兒，她有權選擇自己喜愛的對象，若妄圖以自己的成見和世俗的標準來處理此事，很可能會造成抱憾終身的後果……。

媒婆的建議，使朋友夫婦摒棄成見，以客觀的立場分析此事，而為「女兒一生的幸福」，放棄不必要的條件，終使愛女獲得美滿的歸宿。

暗示相互間的差異

誇大彼此間的共同點，雖然是一種極為有效的說服術，可是在某些場合，「暗示相互的差異」也未嘗不失為立竿見影的方法。

我們可以用「也許這僅是我個人的偏見吧！不過，我認為……」般的開場白，從容地開始遊說對方。雖然，我們早已透視對方的成見，却不予道破；反而聲東擊西，偽裝自己的想法才是一種偏見。這樣一來，對方由我們身上，鑑察出自己的態度也有某種程度的偏差，退而潛心檢討。久之，自然會依附衆議。

倘若對方並未見賢思齊，一時尚不願放棄自己的成見。至少，他發現世間尚有此種自身全然不同的觀點存在，自己的看法並非金科玉律，自然不敢再夜郎自大了。所以，此法同時是拆除對方心理藩籬的有效武器。

本則實例

1. 誇張彼此之間僅有的共同點，來說服對方。
2. 先告訴對方，或許自己的看法才是偏見，暗示相互間的差異點，往往能有效地說服對方。

用單純的事物反覆刺激對方

——除去成見的攻心說服術之四、

藉重複地述說，來加強對方的印象

根據心理學原理，人類如果不斷地接受某種刺激，潛意識裡就會留存下一道深刻的痕跡，即使經過漫長的歲月，也會在某種偶然的場合中顯現出來。但是，如果我們將此種原則，運用至遊說有成見者時，徒然是無的放矢，却搔不著癢處。因此，使用暗示的技巧時，必須先考慮到，對方的成見係經過體驗而「强化」的，必須切中要害，計劃出妥善的程序，才有收效的希望。

讀者們都已知曉，宣傳或廣告所採取的原則，皆是以最簡明的詞句，最具代表性或趣味性的圖案，在群衆的心版上，鐫刻下難以抹煞的印象。譬如「鴿子是和平的象徵」、「狡詐如狐狸」……等等，都已經成爲每個人心目中，確切不移的眞理了。遂使商賈們紛紛爲產品設計出鮮明易辨的標幟，像「虎標萬金油」、「羔羊牌手鈎紗」等，都是我們極爲熟悉，且樂意採購的物品，其宣傳效果亦功不可沒。

銀行或保險公司通常予人冷漠、缺乏人情味的印象，而食品店則予人溫暖、和善的感覺。倘若要扭轉這些根深蒂固的偏見，勢必得經過一段長期的努力。對方若能不斷提出嶄新的形態，反覆刺激我們的感官，使我們逐步遠離固有的陣線，吸收新的經驗，終有一日會發生一百八十度的轉變，而收到預期的效果。

古人常因希望某大學者，將其收爲入室弟子，而鎮日跪坐於對方的家門口，連續數日，終於感動對方，得償夙願的感人事蹟。此種策略，乍見之下，雖與深層心理術無關，然而却符合「藉著重複來加深印象」的原理。

他們爲了打破學者的成見，表示自己誠意可嘉，確實與衆不同，遂將自己簡明的「宣傳化」，在對方心理留下深刻的印象，而達到說服的目的。

用象徵性的圖案，反覆刺激視神經，也能使對方接受暗示，形成有利於說服者的新成見。某廠商於推銷一項新產品時，特地遴選一位溫柔敦厚的中年婦女爲模特兒，使多數的主婦對此項產品倍感親切，紛紛選購，竟至掀起一陣熱潮。這是利用一種緩和劑，將對方的成見引導至有利己方的方向，而功效卓著的實例。

藉重複的型態，促使對方產生新的成見

日裔美藉的語言學家SI早川曾說：「同樣的音調或語句反覆出現時，常具有感化人的力量。譬如林肯的名言：『民有、民治、民享的政府』，倘若他僅爲了提出一項政見，僅說：『民主的政府』即可。但是，他三度强調『民』字，遂產生更深刻感人的效果。」的確，每個人聽到這句鏗然有力的口號時，都會情不自禁地加深自己對此種理想政府的嚮往之情。

一個自知面貌平庸的少女墜入情網之後，她的情郎反覆在她耳畔低語：「妳那深邃的眸子，散發出如夢如幻的光彩，眞是迷人極了！」她一定會容光煥發，覺得自己擁有一對足以顚倒衆生的明眸，能夠昴首併立於美女的行列了。

反覆地向對方展示某種形像，或施予某項精神性的刺激，時日一久，對方即會不自覺地以此爲基礎，逐漸產生與說服者相同的見解了。所以，在深層說服術的領域內，此項技巧實具有擧足輕重的地位。

本則實例

1. 簡單扼要地說明和對方相反的意見。
2. 有時候將自己的特徵簡化，以加深對方的印象。
3. 利用某一種反覆刺激所產生的效果，使對方不自覺地產生新的成見。

第三章　使對方意志動搖的方法

如何判斷阻礙對方被說服的心理壓力

當你企圖說服對方時，曾否遭遇到下列的拒絕態度？

※對於你所提出的意見，並無熱烈的反應，只是不置可否地說：「是的！是的！」「好的！好的！」。

※挑揀某些言詞，謹慎發言。

※如果，進一步請他做決定，他會迅速地針對主題，提出各種疑問，以明瞭詳細的情況。

※雖然接受你的意見，隨卽又反悔了。

※接受你的意見後，稍經時日，他却輾轉地透過別人的傳遞，或以各種理由否認自己的承諾。

※卽使再三地叮嚀、提醒，他只是拍著胸脯說：「放心，一切看我的！」

被遊說者背後所受到的壓力

例如：當我們想說服某大公司某部門的主管時，常可發覺這位主管的態度模稜兩可，既要應付別人的遊說，又無法排除背後所遭受的壓力，因爲，眞正具有決定權的人，是站在他背後的上司。我也常遭受這種困擾，事實上，個人與集團間的心理關係是複雜而難以理解的。

在某次學生會議召開之前，曾就某一問題與一些大專同學共同硏討，並發表個人的意見。當時，他們倒也贊同我的看法，彼此在「執手相望，言談甚歡」的情況下告別。

然而，在數日之後的另一次學生會議上，這批學生就像患了健忘症一般，與召開此次會議的學生站在同一條陣線，對相同的問題，表示迥異於當日的意見，要不就閉口不言，一副呆若木雞的模樣。他們眞是忘了，我們事前曾經取得協調？爲何此刻不再支持我的觀點？

由這個例子，可以明白地察覺，遊說對象與相關的人物或團體有密切的關係，此種密切的利害關係和心理關係即成爲我們進行遊說時的障礙，而使我們鎩羽而歸。

欲理解這種現象，不妨變換角色，假設自己是處於被遊說的地位來看。如果，你屬於一個成員意志相同，而且立場堅定、團結奮發的團體，亦即爲連結力、凝聚力十分穩固的工作單位或家庭組織的一分子時，你可能獨斷獨行地做下任何決定嗎？不管你是否眞正意識到這種壓力，當你做何種決定時，總會透露出集團意志的濃厚色彩，下意識地閃過「如果我答應了，家人會有什麼反應？」、「是否會遭到上司的否決？」……這些疑問！

這種心理在近乎無意識的狀態下，起了作用，而妨礙你所做的種種決定。

如上所述，集團分子所遭受到的壓迫感，在心理學上稱做「心理壓力」，是一種影響人類深層心理的力量。通常，地方政府編制預算時，常會聽到「壓力團體」這個名詞。若說此類壓力團體的目的，是使預算對本身有利，自然會使此團體的分子遭受心理壓力。

所謂「集團」的種類極多，有公家機關，例如：政府機構，也有私人團體，例如：家庭、小孩的玩伴、公司行號中經常在牌桌上相聚的牌友、或是其他因興趣而集合在一起的小集團等等。除此之外，還有一些並無形式上的隸屬關係，但是，却有相同的意志使彼此產生認同現象的團體。通常，這種團體稱爲「準據集團」。

人是社會動物，無法離群索居，置身在這個各類團體並存的社會裏，難免會遭受種種的心理壓力。我們常可發現，小孩子不愛唸書的原因，是受了玩伴間所規定的約束所致；愛人不願與你結婚的原因是遭到親友的一致反對。

但是，有些心理壓力形成的過程，却無法從表面觀察出來，這種無法由表面看穿拒絕被說服原因的現象，是由於深層心理遭受壓迫所致。

但是，無論遊說對象如何地隱瞞、壓抑自己的心理歷程，無意識裏還是會顯現出來。

下面我們將談談如何注意對方在無意中所表現的行爲，並由其間觀察遊說對象所遭受的心理壓力。

由於置身集團與說服者之間，儘量避免言責

正如前面各個章節所敍述的，攻心說服術的第一個目標是，如何發覺潛藏在對方深層心理的拒絕意識。

通常，此種深層心理壓力可分成三種類型：

1.「迴避＝迴避」型。屬於此一類型的典型表現是，遊說對象一味地將話題導至自己不必負言責的狀態中。

2.「接近＝迴避」型。一般說來，屬於這一類的遊說對象，在被說服後，隨卽又急遽地改變了。

末了，我們要解釋的是，自始至終卽拍著胸脯，表示完全負責的類型，亦卽所謂「接近＝接

近」型。

一旦你發覺自己的「遊說對象」是「接近＝接近」型的人物時，必須暫時中止遊說，而仔細地觀察他的心理壓力。

接著，我們具體地描述此類型的典型代表。

由於言談不投機，常使遊說者覺得乏味、不耐煩，即使進一步地逼迫對方表示肯定的意見時，他也只是答以「是的！是的！」或「對啊！對啊！」等毫無意義的字眼。

驟然接觸，你會覺得他是一個精選措詞、出言謹愼的人。唯應注意，某些警戒心較高的人，也會採取此種態度，不能一概而論。

遇到這種遊說對象，應逐步逼迫他做決定，使他表現深層心理的狀態。一般而言，如果他的深層心理確實遭受壓迫時，他的動作變得不自然、臉色泛紅，無論動作或表情都顯露出情緒動搖的現象，並熱切地追問話題中的細枝末節。

何以會有此種轉變？究其原因可能是，對方以爲只要故作聆聽狀卽可打發你的緣故。倉促間遭到你的逼問，又無法獨自決定時，就會興起「最好把這個問題反應給上面知道」的念頭。於是，只好向你打聽一切詳情。

但是，過份逼迫對方做決定，往往會使對方因承受不了壓力而改變話題，這種顧左右而言他的改變也常使說服者受阻，以致無法繼續進行說服工作。

因此，遊說「迴避＝迴避」型的對象時，切忌逼人太甚。

倘若遊說對象說「明白了」，多半表示遊說尚未成功

上述始終採取迴避態度的遊說對象，經你的百般逼迫後，反而改用完全躲避的態度，稱爲「迴避＝迴避」型。

第二種「接近＝迴避」型的表現是，當你進行遊說時，對方表面上採取友善的態度接納你的意見，事後，才以「其實是……」的語氣委婉地否認自己的承諾。

只要仔細觀察便可分辨這兩種型態各有不同的表現，其間的差異，則因集團施加在遊說對象深層心理的壓力强度並不一樣所致。當心理壓力較弱時，他表現友善而接納的態度，可是，當他把這個問題反應給上方，獲悉此種意見不符合集團的意志時，就採取迴避的態度了。

通常此種遊說對象，只要稍經時日就會表現出相反的態度，絕不會拖延時間，而「其實是……」的拒絕態度，也非打從心底願意表明的，他只是承受不了背後團體所施加的壓力罷了，並非不贊同你的意見。這種身不由己的現象，可在遊說時，從對方言談中的細微處察覺。

如果，對方說：「我明白了！」多半表示他正遭受强烈的心理壓力。那句話只不過是拖延時間的推諉語詞，因爲，他心中早已明白背後集團不會同意這個意見，但是，他又不願馬上回絕，使遊說者難堪。

於是，他先以「明白了！讓我考慮、考慮。」的態度，留下緩衝的餘地，隔一段時間再以間接的方式，透過某人婉轉地表明眞正的態度，或以忙碌爲由，不願繼續深談，遂在不知不覺中解決了難題。

「接近＝迴避」型的表現，常讓你產生「十分友善」的印象，由於其內心正與「迴避＝迴避」型一樣，遭受到强烈的心理壓力，因此，不詳加判斷而一味地隨著遊說對象的態度進行磋商時，常會慘遭滑鐵盧。

態度友善正是心理遭到壓迫而欲絕的表現

讓我們擧個例子說明第三種類型「接近＝接近」型的態度。例如：我們正在說服某一位家庭主婦，如果你唯恐她的獨斷行爲，會遭到她先生或家人的不滿，而叮嚀她不妨與她的先生或家人商量一番時，她却說：「免了，我可以全權作主。」採取完全負責的態度。

大體來說，此型人物與「接近＝迴避」型的表現相似，所不同的是你再怎麼逼迫她，她都不會迴避問題。比較起來，「接近＝接近」型的態度似乎更爲友善，事實上，此種友善態度更明顯地表示出拒絕接納的心理，她的表現是以自己爲防波提，站在集團與說服者之間，强悍地維護集團的利益，避免說服者的說服內容波及所屬的集團。

這是因爲，遊說對象强烈地感受到背後集團所施加的心理壓力，爲了抑制這種壓力，而使「接納結構」發生作用，所產生的態度。

一般來說，一個人察覺自己的態度動搖不定時，便會完全接納所屬集團中，强勁而有力的思想態度。例如：小孩在自我意識尚未形成時，通常是全盤模倣生活範圍內的成人，他們完全接受成人的生活習慣和傳統觀念；這就是「接納結構」發揮强大功能的最佳例子。

表現「接納結構」的典型例子是，封建社會裏的君臣關係，而忠義心理是這種君臣關係的基礎。

秦國滅韓以後，韓張良矢志復仇，他找了一名大力士於博浪沙以重錘狙擊秦始皇的座車。張良的事績正是由於「接納結構」發揮功能所產生的結果。他的忠義心理並非被迫接受的，而是透過心理體認，完全接納後並融合一體成爲本身人格的一部份。基於人國一體的原則，亡國對張良而言，是間接受辱，遂有報仇的意念和行動。

態度友善正是心理遭到壓迫而欲絕的表現。

常言道：結褵多年的夫妻，連面貌都會相似。這是因爲共同的婚姻生活使彼此的思想、處世方法逐漸接近所致，而夫妻間行爲接近的模式，是由某方逐漸受另一方同化所造成的，並非因彼此互相接納對方的方式而形成；換句話說，他們的改變方式是，妻子完全接納丈夫的觀點，或丈夫完全接受太太的態度，而非雙方同時改變。

因此，當你請她「轉達給她的先生」，她答說：「不必了，我能全權處理。」你就該想到：自己的說服成績，不似表面所顯示的那麼順利。

同樣地，當某單位的主管表示說：「不必問上司，只要我知道就夠了！」很容易讓人誤會他具有決定的主權，實際上，決非這麼一回事。因為，能讓他感覺安全、和擁有穩固地位的，是上司的信賴和器重，在這種壓力下，他可能冒著遭受上司「斥責」、「解職」的危險，而不考慮上司的看法嗎？不可能吧！

因此，這位太太和職員的態度，顯然是推諉、拒絕的表示。

既已察覺對方的深層心理受壓迫，那麼，我們應考慮使用何種方法才能除去盤踞在遊說對象心中的障礙，以順利達成自己的說服目的。

以其道還治其人

——除去心理壓力的攻心説服術之一

集團的標準

在暗室中燃起小簇燈火，凝神注視這點燈光，不久便會發覺小燈火有上、下、左、右移動的現象。這種錯覺在知覺心理學上，稱爲「自動運動」。

美國學者謝里賓利用這種現象，做了一項有趣的實驗，他讓三名受試者觀察過「小燈火」。然後，要他們分別說出光點移動的範圍。結果，出現三個不同的答案，有人說：「約是一公分左右。」另外一個說：「光點左右移動的範圍約有七公分。」接著，讓他們回到實驗室再做一次測驗，然後令其依次口頭報告自己的判斷，結果呢？原先多寡不一的判斷結果，居然都統一了。非但如此，這一次他們三個的答案都接近上回測驗居中的答案，眞是有趣。

其實，由數個人所共同組成的集團，觀察事物時也會出現相同的情況，隨後經過反覆思索或討論，才產生適合各個份子，並爲集團的全體所接納的標準，這種標準就稱爲「集團標準」。

有趣的是前述已經成立「集團標準」的三位受試者，再次接受測驗時，都維持著集團的標準，以此標準當作自已的標準。這種現象正顯示，人類的心理隱藏著說服集團中各個份子的重要關鍵。

透過集團成員的說服以改變對方的態度

透過集團的說服以改變其態度。

但是，集團標準並非一成不變且長久持續的，它會隨著外界的衝擊而逐漸改變。舉例言之，當工作單位裏，由於人事變遷成員改變時，會因新血加入而產生新的集團標準。同樣地，若要著手處理另一件新的工作，也會相互呼應似地產生合宜的集團標準。

欲除去遊說對象的心理障礙，只要改變形成障礙的集團標準，使之轉變爲有利遊說者的立場即可。乍見之下，這似乎是一種迂廻策略，實則爲單刀直入的方式。

它是使遊說對象所依據的集團標準發生變化，使他的觀念與集團中的大多數份子對立，此時，他會採取何種態度呢？

美國某著名學者，曾以一個村莊爲實驗對象，在這個實驗中，先要挑選一個村人扮演大壞蛋，按照實驗的計劃，這個村人將與全村人民對抗，擧凡村民的一致決議，他都採取敵對的態度，並且堅定立場絕不妥協。

他的態度會使村民採取何種對抗行爲呢？聰明的讀者或已猜著了。是的！全體村民一致排擠並攻擊他的行爲，然而，這位「壞蛋」仍頑强地堅持自己的意見。這種態度明顯地激怒了全村人民，他們決定將他驅逐出境，這是一種集團的排斥行爲。

一般而言，只有僞裝的「壞蛋」才能做到不屈從周圍人群的意見，並在衆目睽睽，同聲責難的情況下，仍堅持自己的意見，顯現義不反顧的果決態度。因爲，常人都會在遭受集體攻擊之前或進行之中逐漸改變自己的立場，而與集團的意志妥協，產生忠於團體的念頭。

換言之，當集團中的一份子發覺自己的最初意志與集團意向相反時，心中自會興起接受「同化」的想法，而改變自己的意志以配合集團的意志。

通常，這種轉變是在不知不覺中形成的，事後他們不但認為這是合理的轉變，還會找出一些自圓其說的解釋以說明這種現象。

二次大戰期間，曾發生全球性的物質缺乏的現象，當時美國著名的心理學家列賓先生，參加某項鼓勵家庭主婦以動物的肝臟做菜及食用肝油的策劃會議時，完全摒棄訴諸個人逐一攻破的落伍辦法，而採用說服的手段。

他在各大報紙的社會版上刊載：「……有心之士已經開始食用動物的肝臟和肝油了……。」的消息，並得到極佳的效果。因為，許多家庭主婦在愛國的驅使下，紛紛響應這個計劃。

使人積極的說服術「大家都這麼做」

此種說服術與前述例子有某些共通處——皆是利用「不願與衆不同」的心理。

通常，「大家都這麼做」最常出現在商業廣告上。因為，人類是社會性的動物，常會因「隔壁的張太太也買了……」或「大家都這麼做嘛……」而加入同一行列。

此種說服法能達成遊說的目的，皆因掌握了人性的弱點，使遊說對象認為自己是集團中的特異份子。儘管，事實並非如此，但是，遊說對象却在不知不覺中跟著改變了態度。

唯此種方式具有「强迫」的色彩，因此，不能說是深層的說服術。

前不久，某國小的教師與我討論一個凡事皆採消極態度的個案。據他所說，這個學生在家裏十分活潑且好動，但是，踏入教室後就幡然轉變成另一個人，他過分在意同學們的眼光，而採取消極的防衞態度，既不頑皮搗蛋却也不是勤奮的好學生。但是，就老師的立場來看，既無理由責備他，也無法褒獎他，這位學生就像獨自生存發展的小草，根本不需要園丁的照料。

於是，我依照深層說服術的原則，建議這位教師不妨替他調換座位。將他安插在最頑皮與勤學好問的同學之間，在學習過程中，老師可適時掌握時機告訴他：「坐在你旁邊的B同學也做這些壞事呢！」或「坐在你旁邊的A同學也開始用功唸書了！」讓他明瞭班上的同學均非十全十美的人，他們也會胡亂鬧事。

至今，我仍未收到進一步的消息，無從獲悉那位同學是否已改變學習的態度，成為樂觀上進的學生。

我的建議是將此類不愛發表意見的學生，安插在平日喜愛發問、好出風頭的學生之旁，讓原本平凡毫不驚人的事情誇大成「大家都這麼做！」而使遊說對象改變自己的態度。在此我們還可舉出另一個例子——夜市裏的拍賣攤。通常，那些攤販會安排幾個假扮顧客的人物，流連於攤位邊，以減輕眞正要購買東西的顧客之不安心理。儘管這個例子或許不很恰當，但是，它却是根據顧客的心理而定的。

避免說敎，誘導集團採用討論的方式

儘管利用人類集團力學的好奇心理亦能達到全體份子都能接納的狀態。但是，從另一個角度來看，如果能積極的利用「避免說敎，採用集團討論」便能在不露痕跡的情況下，將遊說對象自然地帶入說服者的意圖中。

密西根大學以李文敎授爲主的研究團體，曾就「集體力學」的現象做了下列的實驗。

他們擧辦一個「如何獲取適當營養」的座談會，與會人士皆爲家庭主婦，會中李文敎授以演講的方式，具體而微地傳授有關食物營養的常識及正確的攝取法。

接著他以另一個婦女團體爲實驗對象，進行相同的測驗，但是，却採取共同討論的方式，讓婦女們以問答的方式獲取自己想要知道的有關常識。

隔了一段時間以後，再做追蹤調查。據調查資料顯示，第一次的營養座談會成果極差，只有少數婦女能將聽到的常識活用於日常生活當中。第二次的討論會則成效斐然，與會婦女皆能主動地將所獲得的營養常識運用在日常生活之中。

由這個實驗顯示，與其利用「說教」的方式傳授知識，還不如利用「討論」的方式呢！一般而言，「討論」的方式收益較大，人們也樂意協助推行，卽使結論與初衷不符，還是願意遵照團體的意志去做。難能可貴的是，群衆並無遭受「因爲大家都這麼做，我不得不如此……」的焦躁心理或壓迫感。

因此，如果父母親以說教的方式，告訴小孩「玩耍後要洗手」的道理，根本無法收到效果，卽使小孩肯洗手也只是虛應故事罷了！待他遠離你的視界後，才不會理睬這些約束呢！我以爲處理這類問題的最佳辦法是，加入孩子們的團體，並找機會與他們討論「遊戲過後是否應洗手？」、「洗手的原因何在？」等問題，如此必能收到極佳的效果。

本則實例

1如果，遊說的內容與集團的態度一致時，人們較易接納說服。

2. 有時，只要說服遊說對象四周的人，即能達到目的。

3. 欲說服個性消極的人，可利用「大家都這麼做」的說服方式，使對方產生積極的態度。

4. 一般而言，人們較易接納集團裏所決定的事。

直接攻擊隱藏在遊說對象背後的權威人物

——除去心理壓力的攻心說服術之二

操縱對方深層心理的「背後權威人物」

經過某代理商的推薦，我們取得替A公司設計宣傳計劃的工作。由於，這位代理商對A公司具有極大的影響力，與A公司的董事，以及一些高級幹部也有良好的關係，使我們深具信心，認爲A公司一定會在毫無異議的情況下，一致通過這個計劃。然而，事出意外，當我們正在設計宣傳計劃時，代理店的某個主管却臉色鐵青，氣急敗壞地跑進研究室說：「教授！眞是差勁！A公司不知爲何緣故，竟然改變態度了！」

經過一番詢問，我們知道一直到前些日子，A公司的董事和高級幹部們仍對代理商表示：「只要是你的意思，一定照辦。」但是，此刻爲何變卦呢？

據說A公司對代理商表示：「你們的工作太……」由此種批評語氣可察覺，A公司的立場完全改變了。

事實上，根據A公司負責企劃的主管表示，他本人認爲這個計劃十分完美。當我們的設計小組與他們交涉時也沒出過差錯，就是沒料到他們會出爾反爾。

正爲此突發現象百思莫解時，忽然想到：不錯！代理商確實與A公司的高級幹部，保持良好的關係，但是，對於實際處理事務的課長、股長階級，是否也有密切的聯繫呢？我提出了上述的疑問。

不出所料，果眞如此呢！代理商懊惱地說：「我沒想到這一點呢！眞糟糕！唉！」

事後，我決定暗中調查這件事情的眞相。

結果獲悉，這件事情的背後權威人物，眞是一位課長，由於交涉宣傳計劃時，未曾邀請這位課長參加，使他認爲自己未受重視，不但不保持緘默，反而向公司裏的其他職員，數說代理商的壞話。

這麼一來，情況自然改變了。因此，在某些情況下，集團中的公開管理者（擁有較高職銜的幹部）不一定就是擁有實權的人。當然，在正常的情況下，公司的業務應由這些公開管理者處理，但是，實際上，生活中總有許多不可解的現象。譬如：一些低級職員也能影響決策，成爲實際握權者。因爲，這些職銜較低的人，很可能是公開管理者的酒伴或玩伴，而這種非公式集團份子間的關係十分有力，絕非一般可比。因此，非公式集團的份子能影響某個工作單位的人事關係、心理狀態之例子，不在少數。

從遊說對象的言語行動判斷何者是他的精神領導

欲說服某些特定的人物，若以直接遊說的方式進行，稱爲「正攻法」，本書所採取的說服方式以此爲主。但是，某些情況則屬例外。

譬如，你要說服某一集團的忠貞份子，應先掌握他的行爲受何者影響？亦卽找出影響他的主要人物，想辦法先說服這些人。上述「除去心理壓力的攻心說服術之一」，是以「大家都這麼做」的說服方式進行遊說，而這一段裏，我們將談到，如果，集團中的「權力關係」明確時，可以採取使遊說對象產生「如果他這麼做，我也……」的說服術進行遊說。

集團首腦擁有表面的權力和地位，稱爲公開管理者。實際左右集團之意志者，稱爲領袖。

這種現象不僅出現在公司行號裡，連一般的家庭亦經常可見。譬如：一個外貌看來似乎是以父權爲主的家庭，仔細觀察後却發現眞正操縱這個家庭意志的人物是個小男孩。或是在一個具有地緣關係的地域集團，和具有血緣關係的宗族團體裏，某個家庭由於特殊緣故而在這些集團裏居實際的領導地位，這種例子極多。

方才曾敍述，當遊說對象的深層心理遭受壓力時，他的態度由「明白了。」轉變到語意曖昧的「其實……」。此時，如果逼迫或責備他：「你不是說『明白了』嗎？」對方的態度可能變得更爲强硬。

因此，立卽改變戰略放棄直接說服的方式，改採分析法，先察明遊說對象背後影響力之所在！

至於，洞悉何者具有此種影響力的過程，也必須施展深層說服術的功力，才能辦到。當然，如果你與對方是多年好友，十分了解他們的家庭狀況，或是你與遊說對象的公司具長年顧主的關係，自屬例外。否則，就一個初次見面，對遊說對象之背後集團毫無認識的說服者而言，欲迅速查明背後影響力，是件艱鉅的工作。

此時，說服者不妨暫時停止遊說，以自然的態度將話題誘導至對方的集團上，談論有關所屬集團的現況！如此一來，遊說對象一定會在言談擧止的無意行動中，透露出何者是他的精神領導者。

擧例言之，卽使你並不清楚遊說對象所屬公司的實際情況。但是，你仍可與他談論「貴公司的股長……」或「貴公司的課長……」等，來套出自己想知道的消息。

會談間得仔細觀察對方的臉色，如果，談到股長並未引出任何反應，但是，論及課長，對方馬上挺直腰板向前傾聽時，很明顯地表示，課長對他的影響力極大，對方很可能遭到課長所施予的壓力，才拒絕被說服。於是，你可將話題集中在課長身上，對方必定隨著你的詢問，全盤托出課長所擁有的權力。這種說服術亦可稱爲誘導詢問法。

經過這些步驟，獲知遊說對象的背後權威人物後，只要能說服背後權威人物，問題自然能迎刃而解。

唯，未曾透過對方或忽視對方的存在，而直接與背後權威人物談判，卽使背後的壓力解除，却使對方喪盡顏面，正如方才所擧的例子。雖然，課長在實際處理業務時的權力較公司裏的高級幹部要高，但是，實際上他根本不可能做出完全不理會高級幹部的商業交涉，如果他忽視高級幹部的存在，則可能激起他們的不滿而拒絕簽章，致使計劃胎死腹中。

因此，欲進攻背後的實權人物時，應請直接接觸的對方介紹，亦卽由遊說對象口中套取所需的資料，才能使處理業務的過程順利。

由於，領導者是集團中的一份子，本身也可能遭到某種程度的心理壓力。只是，他的地位較高，與職位較低的職員相比較，其心靈藩籬自不如他們那般堅厚，因此，直接說服背後權威者的成功率較高。

利用對方所屬的非公開集團的領導人物

前文已述及，公開集團中也有「痲將集團」、「喝酒朋友」等非公開集團的存在。這些非公開集團常會妨礙公開集團的正常作業，而使其無法發揮作用，例如：辦公室的職員出現派系現象，即爲最佳的例子，君不見許多女職員自成一個集團，不買上司的賬，却處處遵循小集團領袖的吩咐。

一個統御有方的領導人物，自有其統御術，他們常採用「犧牲法」以達到說服對方的目的。所謂「犧牲法」是一種間接的說服法，遊說者故意在對方面前指桑罵槐式的責備處於對方四周的同事或朋友，例如：上司發現其部屬A的工作成績不佳，而欲提醒他時，這位上司並不直接斥責工作不力的A，反而當著A的面責怪B的態度散漫不負責任。

其結果：B雖滿頭霧水，不知爲何挨罵。而A的心裏有數，自知挨罵的人應是自己，遂以：「課長太沒道理了！怎能責怪到你頭上？」等安慰B。不久，A的態度也在課長的間接指責下，逐漸改變了。

當然，對B而言，他是個倒楣鬼，這也是何以稱爲「犧牲法」的緣故。

一般說來，欲使犧牲法發揮至最高境界，還得先觀察對方在集團中受何者的影響最深，並以他爲犧牲者。在「接納結構」中，我們曾提及，對方必須與犧牲者具有「榮辱與共」的親密關係，才能得到效果，隨便抓個人當替死鬼，則爲白費心機之舉。

換句話說，想要說服集團中的某個人時，可以利用他所屬非公開團體的領袖，以達遊說的目的。這是一種間接說服對方的深層說服術。

若以狹義的定義來說，此種「犧牲法」或已不符合說服的範疇。

通常，這種方法還可應用在會議上，一般而言，與會人士愈多，會員發表言論的多與寡益形分明。我的意思是，愛發表意見者可能因聽衆多而滔滔不絕一瀉千里，另一些人則保持緘默，惜字如金，半句話也不肯說。有人問我如何改善這種情況？我則傳授相同的「會議術」，要主席積極徵求坐在參與意識較低者旁邊的人之意見，迫使參與意識較低者集中精神，而後開始發表自己的意見。

因此，如果某人只以非公開集團領袖的言談來搪塞，根本不表示自己的意見時，可以集中炮火攻擊這位領袖請他發言。如此一來，對方會似領袖一般地爲他辯護，只要話端開啟，以後就能自然地展開議程。

利用背後集團領袖去說服。

本則實例

1. 欲說服集團中的個人時，切記：公開管理者不一定是擁有實權的人物。
2. 若對方由於心理壓力，未有理想的反應時，說服者應暫停遊說，先洞悉何者為其精神的領導者。
3. 將話題誘導至對方的集團裏，企圖從談話中發覺真正影響對方的背後權威人物。
4. 欲說服集團中的個人時，必須察明何者為對方的精神領導者，只要能掌握精神領導者，自能達到說服的目的。

5.當說服者遇到上述（4.）情形時，最好能透過遊說對象的介紹而認識其精神領導者，以免激怒對方。
6.欲說服同一集團的個人時，可把非公開集團的領袖當作犧牲品，如此一來，自能間接地說服對方。

讓對方扮演中間說服者以遊說第三者

——除去心理壓力的攻心說服術之三

讓對方扮演遊說背後集團的說服者

筆者曾在某書中提及，美國某航空公司發覺，乘客幾乎都是在不得已的情況下，才肯搭乘飛機。

起初，他們認為這是「怕死」的心理在作祟，因此，花了龐大的宣傳費，強調飛行的安全可靠，可惜並未收到預期的效果。於是，這家航空公司敦聘著名的心理學家狄希特博士，主持這項調查工作。

狄希特博士先就經常搭乘飛機的旅客，做了一項假想測驗，請教他們「如果，獲悉自己的座機，即將撞山而毀時，首先閃入腦海的景象是什麼？」調查結果顯示，這些旅客所關心的並非自己的生死問題，而是親人將如何接受這個不幸的消息。

亦卽，面臨死亡的威脅，乘客所想到的是家人如何自處？腦海中浮現自己的太太聲淚俱下地說：「就是這麼傻，如果聽我的話，搭火車去不就沒事了！」……等情景。

航空公司按照這個結論，對「家屬」展開了宣傳攻勢。宣傳單上告訴為人妻者：「若讓先生搭乘飛機，他會很快地回到妳的身邊。」同時，還舉辦「闔家同遊」的活動，使一些家庭主婦也能享受搭乘飛機旅遊的樂趣。

事後，主持這項調查工作的狄希特博士說：「如此一來，旅客是獲得家人的允許，才做航空旅行的。」

此種結論對於欲說服集團中個人的說服者而言，不是具有極大的啟示作用嗎？

這是一種讓對方扮演遊說背後集團的中間說服者之深層說服術。以上述所舉的例子來分析，航空公司利用宣傳以說服乘客的背後權威人物——家屬，而避免了直接遊說乘客時可能遭受的困擾。一般而言，只要能消除乘客的深層心理壓力，公司的業務自然會改觀。

至於，何以將這種方法列為攻心說服術？這是因為心理壓力盤據在對方的深層心理時，若直接以對方為遊說對象而進行說服，只會使對方的心理藩籬更堅厚罷了。

但是，若使對方扮演說服者，使之產生抗拒集團壓力的心理，換言之，給予對方足夠的力量，使他有能力解決背後集團加在深層心理的壓力，問題卽能解決。

如何獲得此種抗拒集團的力量呢？主要的來源有二，其一是給予對方無懈可擊的遊說理由。其二是給予對方遊說成功後必然的報酬。

賦予遊說對象足資說服背後集團的「理由」與「實惠」

所謂「理由」，簡單地說是一味强調「這些全是爲了集團才做的」、「對公司的前途有益……」、「嫂夫人一定很高興……」等，絕不會與集團利益相衝突的口實。

一般說來，當個人做任何決定時，均會優先考慮集團的意向。因爲，潛意識裏他會存著「遵循集團的意向，總是錯不了！」的念頭，並認爲跟著集團走，不必浪費心神，能節省腦力等。基於此種緣故，遭受心理壓力者的心壁並不像「不安」、「不信」等感覺所形成的心壁那般牢固，而且，此種情況下的「遊說對象」與背後集團之間的心理藩籬，反較「遊說對象」與說服者之間的心理藩籬更厚。

亦卽，對方心理或許認爲你的說服理由充分，但是，却不願因個人的利益而影響背後集團的意志，遂不做任何評論。但是，當你讓他產生「爲了集團的利益……」的信念時，對方就能撤除與說服者之間的心理藩籬，轉而成爲有力的說服者呢！

此外，「實惠」意謂著讓對方認爲最起碼這件事情不會引起任何害處。使用這種戰略的最佳時機是「遊說對象」承認你的說服有理，却又不願多此一舉，因個人的緣故使背後集團發生變化。說服者應掌握片刻良機，將接納說服與否的「損失」和「利益」加以權衡，使之明瞭接納說服的益處較多。

通常，使用這種戰略時，說服者應退居配角地位。擧例來說，當你遇到這種情況時，暫且扮演對方的背後集團，故意就說服內容提出各種疑問，例如：「其實，我對這幾點還不甚了解，你認爲如何呢？」於是，對方會在假想的情況下變爲說服者，而提出種種辯駁。此時你再提出自己的意見：「有關這一點，我以爲……」，在極自然的情況下表明更佳的辦法或更深入的看法。只要將這個方法反覆地使用，對方必定會受到你的影響，甚至可能因而搖身變爲與你站在同一條陣線上的同盟戰友呢！

因此，只要你能賦與對方足以說服背後權威人物的充分理由，就能掌握百分之八十勝券了。

本則實例

1.欲說服集團中的個人，應給予利用背後集團的理由，使對方轉變成說服背後集團的中間說服者。

2.對方獲得足以說服背後集團的理由後，深層心理壓力自會解除，反而加入說服的行列。

利用遊說對象的「意識」與「現實」發生衝突的片刻

——除去心理壓力的攻心說服術之四

訴諸於遊說對象的屬心集團

本章內所討論的「集團」是指，眞正擁有成員的團體。但是，以心理學的觀點來看，「集團」有二種解釋，其一爲，眞正擁有成員的團體，稱爲「成員集團」；其二是，不究個人是否眞正隸屬於某個集團，只要群體在心靈或意識中覺得親切一體、榮辱與共即可，此稱爲「準據集團」。例如：一位喜愛紅葉棒球隊的球迷，會覺得自己是紅葉隊的一份子，並認爲擧凡喜愛紅葉隊的人士，皆爲這個集團的成員。換言之，對於毫無實質關係的團體亦能產生集團的意識。當然，個人也可能遇到準據集團即成員集團的情形，只是這種機會太少了。

基於此種緣故，我們可發覺個體所受到的壓力，不僅來自所屬的成員集團而已，連意識相同

訴諸於對方意識上所屬的團體。

的準據集團亦可能使之感受壓迫感。下面，我們將討論遊說對象屬於準據集團的時候，說服者應用何種方法以去除對方的心理壓力，使之改變觀念，而達到說服的目的。

首先，我們必須察明遊說對象所屬的準據集團為何？隨後，收集與準據集團有關並適合它的說服資料。

著名的心理學家巴倫和雅爾德曾以某空軍單位為測試對象，共同進行調查工作。他們命這批信仰基督教的空軍預備生，就所陳列的各個正方形，分別說明其間大小的關係，以觀察受試者的準據集團是宗教團體？或是軍隊？

測驗的第一個階段是，空軍預備生個

別擧行；接著讓他們分別與牧師或士官長一起接受測驗；最後一次再讓他們個別接受測驗。然後仔細觀察遭受深淺不一的物理性刺激時與受試者本身的判斷，其間差距若何？

結果顯示，受試者與士官長共同接受測驗時，其成績與獨自接受測驗時的成績相去不遠，但是，獨自判斷與牧師陪同下所做的測驗却有明顯的不同。一般而言，此時預備生的判斷均傾向於牧師，而與牧師採取同一步調。

簡言之，這個測驗結果是，信奉基督教的空軍預備生較易受牧師的影響，亦即受試者的宗教準據較强。

聽說，空軍單位十分重視這個測驗結果，因此，在新兵的訓練期間，均有牧師隨營以解除預備生的疑懼心理。

由這個實驗結果，我們也可以察覺，欲說服個人時，不單只是說服遊說對象所隸屬的團體而已，有時訴諸於意識相同的準據集團，亦可獲得相同的效果。

下列所擧的例子是某次市議員競選時，所發生的事。

某市以社區爲主的都市，屬於此市的家庭又都以夫婦均在外就職的現象佔大多數。

基於此種社會現象，A候選人的政見著眼於增加托兒所；B候選人却認爲應增設幼稚園，雙方以不同的政見展開激烈的競爭，經過一番熱戰以後，A候選人不幸敗北，而B先生却贏得最後的勝利。

何以產生此種選舉結果？按理而言，A候選人的判斷十分合理，他的政見亦切合實際需要，因爲夫妻皆爲職業人士時，自然無法妥善照顧寶寶，增加托兒所，乃勢在必行之擧。然而，A候選人却落選了。

因此，我們可以發覺選民心中仍希望過著男主外，女主內的生活方式，在潛意識裏，他們都認爲母親應專心於家事和育兒的工作，父親應爲生活而外出工作。

儘管，選舉結果不符合現實生活的要求，却與意識的準據吻合。

誘導對方步出準據集團回到實際應歸屬的集團

此種訴諸準據集團的說服法，經常被應用到商業廣告上，例如：爲激起中上階級的購買慾，遂以「名牌」號召。將名牌產品的標價稍微提高，但仍以一般家庭能負擔得起的價格爲原則。

偶爾，有些媽媽告訴我說：「我家丫頭才這麼一丁點大，可是，就喜歡模仿大人的行動，眞糟糕！」

相反地，也有些母親告訴我，她的兒子已經唸高中了，言談擧止却像個小孩，眞拿他沒辦法。

這種早熟和退行的現象，在今日社會裏常可見到，究其形成的原因，可能與社會結構有關。曾有位心理學家指出，現今社會上只有兩種界線分明的集團存在，卽小孩集團與成人集團，或許，將來還會添加老人集團呢！

根據這位心理學家的解釋，他認爲青少年正處於這兩種集團間，爲尋求心靈的依據，他們只好依據成人集團的標準來行動，或是依據小孩集團的行爲標準。

但是，多數時候青年仍扮演著青年的角色，只是，當他們模仿大人的行爲而遭受挫折時，常會陷於厭惡自己的狀態。像這種因所屬集團與準據集團不一樣，而產生種種困擾的情形，最常被心理學家引爲例子來說明的是美國的社會。由於，美國是由許多種族組合而成的國家，社會上，白人、黑人、波多黎各人、墨西哥人等不同人種的集團並存。其中，白人集團的權力最大，但是，勢力較弱的黑人、波多黎各人，却常以美國社會所接納的白人集團爲自己的準據集團。

他們不單是在意識上傾向於此，在現實生活中亦採取與白人集團相同的生活方式和行爲模式。然而，現實是殘酷的，儘管他們在行爲擧止及意識中，均以白人集團爲依歸，但是，「種族歧視」的心理藩籬，使他們墜入痛苦的深淵，而常與白人集團發生糾葛。

在我們的社會裏並未出現種族歧視的問題，但是，在此我將奉勸孩子正處於青少年階段的媽媽們，如果，自己的兒女正陷於類似的困惑，不知應歸屬於何種集團時，應以巧妙的方式，引導他們回到實際所該歸屬的集團裏。

具體而言，雙親應將自己在青少年時的感受、觀念告訴他們，並讓他們瞭解與其年齡相彷的青少年們的行爲，並不落痕跡的指出現實與意識所產生的矛盾現象，青少年只要對現實有正確的認識，自能除去心理壓力，恢復其應有的鬪志。

本則實例

1. 首先說服者應查明遊說對象所嚮往的準據集團。
2. 有時，訴諸於準據集團的說服，反而會收到反效果。
3. 欲說服有早熟或退行現象的遊說對象時，應以自然而巧妙的談話技巧，使對方明瞭意識與現實之間的矛盾現象。

第四章 滿足他人的訣竅

如何發現阻礙對方被說服的欲求不滿

當你企圖說服對方時，曾否遭遇到下列的拒絕態度？

※出其不意的擧動。
※「碰」的一聲關上房門，或突然跌坐在椅子上，動作十分粗魯。
※脾氣暴躁、易怒，或是強烈的反抗心理，與人應對時的態度十分惡劣。
※改變態度，肯定自己的立場。
※投機取巧、混水摸魚的態度。
※表示出「撒賴」、「故作謙虛狀」、「我行我素」的態度。

當遊說對象對說服者或說服內容不滿時，常會採取「出其不意」的行動

某電視台曾播出一部以老人問題爲主的劇集，其中有段意外事件的描述，倒是使用攻心說服術的最佳例子。

此意外事件發生在一所養老院中，不知爲何緣故，某日清晨，這家養老院的老人竟霸佔了停放在公車車庫裏的公共汽車，有關單位面臨此種意外事件，頓時束手無措，不知如何是好。由於，老人們保持沉默的態度，使他們無從獲知老人們的目的何在？爲何採取此種行動？

老人們除了按時由窗口遞出便盂外，對外界的喊話和命令一概相應不理，雙方僵持數日，毫無進展。

有關當局決定採取强硬態度，請維持治安的警察來處理這件事情，但是，劇中的主角却要求讓他來說服這些老人。由於，劇中主角所服務的公司，曾與老人們接觸，就藉著這點人際關係，他才獲准上車。

經過劇中主角的百般努力，費盡唇舌後，才使老人們啟齒！

儘管，本劇的取材荒謬，但是，仍能博取觀衆會心的微笑。因爲，主角在說服過程及老人們

的對話，十分精彩，且切合實際。這些老人在年輕時，雖無叱咤風雲的豐功偉績，却也是有功於人群，不容他人漠視的人物。因此，其中不乏能熟思遠慮、謹言愼行者。由一般的社會觀點來看，他們會做出此種出乎意料之外的行爲，自是不爲旁人所諒解。

當老人們接見劇中主角後，仍保持冷靜、溫和的態度，對這位在他們眼中仍屬毛頭小孩的說服者，甚至顯出憐憫的表情。

劇中主角以誠懇的態度，對老人們說：「若有何不滿，應公開地表示。」或作「你們的舉動不是很可笑嗎？」的責備外，也表明自己曾遭遇的困境。

起初，老人們以冷漠的態度答道：「即使，我們是一批無用的糟老頭兒，難道就不能因爲我們曾有過的貢獻而尊重我們嗎？」他們的語氣平穩、有條不紊地數說著。

到了後來，有一位老人終於按捺不住地大叫：「年輕人懂得什麼？你們怎能了解我們呢？」須臾，老人們沉默了，也改變態度跟隨劇中主角步出了公共汽車。

這只是一個虛構的社會問題，但是，隨著工商業的發展，難保這種事情不會發生在現實社會裏。透過此一故事，除了發覺社會進步後，應關懷年邁者的心理變化外，還深切地體會到了解一個人的心理是何等的困難，尤其是要了解一個懷有根深蒂固的欲求不滿現象的人。

筆者十分地佩服編家的創意和描繪的逼眞，在此暫且擱下劇中主角何以能成功地說服這些老人的問題，先就這個故事的主題，來談談如何使一個心懷不滿而閉鎖心靈的人，開啟心扉，並容納說服者的意見。

對說服內容不滿時，對方會採取粗魯的語氣應對

正如前述所擧的例子，我們在說服他人時，也常會遇到欲求不滿的遊說對象。這種障礙與他章所討論的警戒心、偏見、心理壓力、自尊心等所造成的障礙不同。它會在個人的心裡不斷增殖成長，而在面臨爆發的片刻又被壓抑住，於是，就在這種「成長」、「壓抑」的情況下，形成日益强烈的心理熱能。不管本人是否能感受得出它是以「希望有什麼……」、「希望做什麼……」、「希望是什麼……」等渴望有具體事物、行爲、存在現象的欲求爲基礎。

這種現象與後面各章節中所討論，對人的「反感」與「不信賴」不一樣；與不以欲求不滿而形成的「不安」，和雖以欲求爲前提，但是却因「自尊心」作祟，而顯得錯綜複雜的心理障礙也不盡相同。

如果，說服內容與遊說對象的欲望背道而馳時，對方的欲求不滿程度，變得更强烈，說服的艱難也相對地提高了。陷入這種困境時，說服者應使用攻心說服術，以解決難題。

有關此類型的欲求不滿現象，又以說服不滿於目前的職銜、待遇，却要他提高工作效率的公司職員、放棄夢寐以求的愛人和讓不願離婚的人離開他的伴侶等工作，最爲困難。

當我們進行遊說時，常會發現遊說對象不願赤裸裸地表現自己的不滿。一般而言，愈覺得欲求不滿愈會想辦法壓抑，而企圖維持外表的平靜，使旁人無從獲悉其內心波瀾起伏的情形。

例如：我們要說服一個在百貨公司送貨的工讀生，使其加緊工作以提高效率；假設這位學生對於目前的工作環境及待遇都覺得不滿意，但是，基於經濟因素，他不能直接發洩不滿的情緒，以免遭到解職的厄運。

面對著這類遊說對象，應如何洞悉隱藏其內心深處的不滿呢？

根據心理學家所言，內心覺得欲求不滿的人，在無意中會以下列三種方式，宣洩自己的情緒。

1 遵循合理的途徑解決問題——就以前述所舉的工讀生之例子來說，所謂「合理的解決途徑」是指另謀他就，尋求一份合乎自己要求的工作；或是以談判的方式，請東家給予較優渥的待遇。

由於他欲求不滿的現象，能經由此種途徑予以解決，故不列入本章探討的範圍內。

2 攻擊性的反應——這種發洩方式最常見的是，發怒、反抗等行爲。對方常在說服者面前惡聲惡氣地辯駁，步出房間時，故意以「砰」的一聲巨響來發洩自己的不滿。偶爾，欲求不滿的情緒，會使對方表現「撒賴」、「故作謙虛」、「我行我素」等行爲。一般而言，亂發脾氣是由於欲求不滿，而表露的攻擊性反應。許多在欲求不滿的前提下，表現出令人難以預料的舉動，以吸引旁人的眼光，亦屬於此類的變化形態。

此外，一般人如果產生「佔有欲求」，但因能力不足而無法得到時，常會採取迂廻戰術，以期達到目的。例如：在某家百貨公司的櫥窗裏，發現一件自己喜愛的服飾，却因阮囊羞澀而只能駐足旁觀，此時，她或許會想到努力存錢，以便能早日穿上它，昂首濶步地漫遊街頭；或是某位男士發現一位可人兒時，總不敢馬上向她求婚！於是，開始多方探聽這位姑娘的芳名及詳細資料，以使自己的追求能順利成功。但是，若欲求過分强烈，以致無法等待時，極可能出現强烈的攻擊性反應。例如：禁不起虛榮的誘惑，而以竊取的方式拿到那件衣服，或是强暴行爲等均是。

若以前述在百貨公司裏擔任送貨的工讀例子來看，如果欲求不滿的心理太强烈時，他可能倣效數年前將一大疊賀年卡拋入河中的郵差一般，把貨物棄置他處，或是不按指示投機取巧地處理份內的工作。這也是强烈的攻擊性反應，又可稱爲「近道反應」。因此，在對方尚未採取類似的攻擊性反應之前，我們就應協助對方解除欲求不滿的現象，並說服他，使他專心工作，以提高工作效率。

以「防衛性的反應」表示自己的欲求不滿

這是遊說對象發洩欲求不滿的第三種辦法

一般而言，這是在「代償」、「退行」、「逃避」、「影射」、「合理化」等心理因素影響下，所產生的下意識行爲。擧例言之，未曾生兒育女的女性，極可能異於常態地寵愛小動物，這是出於「代償」作用的表現。婚姻失敗的男性，會變得眷戀母親的照拂，這是「退行」現象的表示。一個少女爲抑住自己對教師的暗戀心理，而到處宣揚道：「老師想要吻我。」則是「影射」的反應。聯考落榜的考生，突然改變口吻說：「那只不過是一所三流學校罷了！」則是出於「合理化」的防衛反應。

這些防衛性的反應在心理學的書籍裏，常被提到，相信讀者對它不會陌生才是。因此，只要適當地應用這些道理，自能套出遊說對象產生欲求不滿的眞正原因。

以方才所擧的工讀生爲例，若他一反常態地說：「別家百貨公司的待遇還不是半斤八兩，沒什麼搞頭！」很可能是想以這句話，使「待遇偏低」的情形合理化。

如果，他不再認眞工作，反而追隨女店員身邊，以博青睞，則可能是「代償」心理在作祟；

追求女職員，是不滿於工作的表現。

欲藉著追求女店員以發洩欲求不滿的現象。

再以相同的觀點來看電視劇中老人的行為，則可發現，他們的行動正是欲求不滿的變相表示法。

雖然，他們並未以吶喊的方式，表達不受重視的不滿心理，而代之以霸佔公車的荒謬行為，竟把有關人員命他們停止胡鬧的命令視做馬耳東風，此種不將反抗態度、不滿情緒顯現於外的表示法，亦是發洩欲求不滿的典型新式。

欲查明隱於對方心靈深處的說服障礙——欲求不滿。要先分辨對方的行為表現是屬「攻擊性反應」，亦或「防衛性反應」？接著利用適當的遊說技巧，以去除對方的心理壓力，如此自能使閉鎖的心扉重開，並接納說服者的意志。

即使利用煽動手法也要讓對方吐露心中的不滿

——除去欲求不滿的攻心說服術之一

使遊說對象以反駁的方式發洩不滿

在說服過程中，若發覺欲求不滿的原因，隱藏在對方的心靈深處時，應以何種方式處理呢？首應强調無論是否傷害對方的感情，都要想辦法讓他發洩心中的不滿情緒。

這種方法已被廣泛地應用在心理治療上，並獲得極佳的效果。以深層說服術的觀點來看，此種治療法有二大優點。其一是，引誘對方吐露不滿，同時也想辦法加强壓力使之像針刺入皮球一般，將不滿的情緒完全發洩出來，心理學上稱這種作用為「緩和情緒緊張」，是一種軟化情緒的辦法。其二是，情緒發洩的過程中，說服者可能察覺一些連遊說對象本身都未發現的不滿原因，而意外地獲得進行說服時的據點，甚至完全消除欲求不滿的現象。

有關第一點，我們曾在「除去警戒心的深層說服術」中提及，最主要是說服者應表現出「容納」的態度。在本章的敍述中，甚至可發覺說服者利用敎唆、煽動的方式，以達其遊說的目的。例如：章首卽已舉出的電視劇之例子，劇中主角對頑固而閉口不言的老人們說：「你們的行爲未免太可笑了！」、「若有不滿，可以公開表示嘛！」等富挑撥性的話語刺激他們，使他們吐露牢騷。

不考慮對方的情緒反應，一味地以言語、行動刺激對方，使他的信心動搖之說服法，有時也會使故作平靜以免被人發覺自身有不滿現象的人，在不知不覺中吐露眞意；也可能因而發現連對方都未察覺的不滿之眞相，亦卽獲得此種說服法的第二個效果——「察知形成不滿的眞正原因」。

對說服者產生不滿的對方，會更具體的表露其欲求不滿的現象

前已述及，利用上述說服進行遊說時，所能獲得的兩大功用間，彼此都有連帶的關係，下面所舉極富趣味性的例子，正能讓你瞭解其間的微妙關係。

某公司有位精明能幹的女職員，不知爲何緣故，總喜歡採取反抗的態度對待同事，致使上司頭疼。

碰巧在另一個單位裏也有這麼一位女職員。某次人事調動時，特別將這兩位幹才安排在同一個工作單位中。於是，這兩位心懷不滿的女職員，有機會湊在一起發表自己的觀點，在交換不平和不滿之後，竟然都能心平氣和地固守自己的工作崗位，並與同事和平相處。

換句話說，這兩位女職員在不知不覺中改變了往日的態度，不期然地步上「敬業樂群」的道路。

不久，她們的上司在做個別談話時，發覺雙方對彼此的瞭解，令人驚訝。上司就利用這個關係，巧妙地掌握了他們的意圖。

而且，由個別會談中，上司發覺其中一位女職員的欲求不滿，是因自己在誇賞她的能力時，說了：「不讓鬚眉」和「特別的女人」等話，刺傷了她的自尊心。

由於吐露不滿能緩和緊張的情緒，並可能由其中發現隱藏著的眞正導因。前面我們曾提過的美籍學者——派克德亦曾引過類似的例子；個案中的主角對與他具有同等職位和職權的同事，十分不滿。經過數次調查後，才知道他的欲求不滿導因於那位同事的辦公桌有四個抽屜，而自己的辦公桌却少了一個抽屜，爲了這細微的差異，致使他無法與同事愉快相處。

他以爲一個大男人，爲了此種微不足道的事情而陷於欲求不滿的狀態，是很沒面子的事，他想讓自己認爲欲求不滿是由其他更强烈的因素而引起的，雖然這種欲求不滿的現象有增無減，却始終無法觸及問題核心。

若能由雜亂無章，毫無重點的談話中，發現一些與對方欲求不滿有關的具體因素，便能解決問題，所謂具體而顯明的因素是指「不讓鬚眉」、「特別的女人」、「桌子的抽屜只有三個」等。但是，一般在討論職業或工作環境的談話中，很難發覺較具體、顯明的理由。因爲，遊說對象本身只覺得有所不滿，却未深入的探究這種不滿因何而起，如此一來，自然無法使說服者掌握明確的說服方針了。

這種藉著「發洩」使說服者獲得說服資料以進行遊說的攻心說服術，不僅限於言語的發洩而已，有時亦可藉著「行動」達到相同的目的。玆舉一例說明之：

某企業公司決定開放董事長的辦公室，凡是該公司的職員，上至董事長本人，下達工友皆可自由出入其間。

起初，該公司董事會以「使公司職員能自由交換意見」爲理由，開放董事長的專用辦公室。但是，實際的目的却是希望員工能發洩欲求不滿的情緒。

因爲，職員們不必直接地與董事長洽商，只要能自由出入董事長的辦公室，無形中便能發洩平日因受制於主管而產生的欲求不滿。曾聽說某公司的職員紮了一個稻草人，讓它裝扮成董事長的模樣，再以木棒毆打他以洩心中的怒氣。這家企業公司倒是有先見之明，肯主動去發現員工的心理狀態，並尋求合理的解決途徑。

衆人皆知擧凡規模較大的企業團體，都設有詢問、服務等櫃台。成立這類櫃台的目的，除了將消費者的心聲反映到企劃部門以外，亦負責處理顧客的欲求不滿等情事，因爲，消費者不愼買到不良品，或是公司產品不耐用時，常會引起欲求不滿的現象。

因此，站在櫃台後的服務人員，均是經過專業訓練的幹練之才，他們負責接受顧客的不滿，並使之滿懷喜悅的打道回府。一般說來，這種工作極富挑戰性，我們甚至可以視之爲處理欲求不滿現象的專業人才。

若某女士在公司的拍賣攤上，買了一件沾有污點的風衣，不禁怒氣沖沖地來到公司所屬的服務台，與服務人員交涉。這些經過專業訓練的櫃台服務員，絕不會對她說：「特價品自然是有點瑕疵才會廉價出售呀！」

爲了使顧客能完全表露心中的憤懣，他們可能故作吃驚狀地詢問購買風衣的詳細情形，或以調查商品爲由，請你塡寫問卷，甚至拿出顧客芳名錄，請你留下聯絡住址。總之，商場戰術無奇不有，總有辦法誘你入甕。

下面是一個已爲人父的男士，所說的經歷。這個例子並非藉著「談論」以宣洩心中的不滿，而是另一種以行動來發洩不滿的變形發洩方式。

由於，他不允許兒子購買新近流行的電視遊樂器，使寶貝兒子陷入欲求不滿的情緒裏。每當父子倆逛到電器行或玩具公司時，小兒子總是不停地糾纏父親，請他購買一台來玩玩。父親被惹煩了，甚至不肯讓兒子去碰這種遊樂器。某日，他們又爲「買」、「不買」而引起例行的爭執時，父親突然改變態度說：

「好吧！既然你這麼喜愛電視遊樂器，我允許你每天到玩具公司玩玩，但是，等你徹底了解這玩意兒以後，我們再決定是否有購買的必要！好嗎？對了！要記得看看是那些小孩在玩這種電視遊樂器，回來後，別忘了向我報告一番。」

小兒子興高采烈地去了。然而，不多時就未再聽見他吵著要買電視遊樂器的聲音。原來，這小傢伙的注意力轉向了。

如果，這位父親固執己見，堅決反對小孩玩電視遊樂器。這個小孩可能永遠沒有辦法脫離欲求不滿的困擾，不滿也可能在心靈深處日益增加，而影響其將來的發展。

似上述的例子，不管孩子們所追求的事物正確與否，偶爾，不妨任其所欲，暫且讓他親自體驗實際的情況，如此亦可解除欲求不滿的現象，這也是去除欲求不滿的攻心說服術之一。

本則實例

1. 當個好聽衆，儘量接納對方的不滿，為了使遊說對象完全吐露心中的不滿，亦可利用煽動或教唆的方式。
2. 由對方所吐露的不滿中，常可發現造成其欲求不滿的真正原因。
3. 若讓兩個心懷欲求不滿的人，經常接觸、交談，他們的不滿可能很快就會消失。
4. 若想從遊說對象吐露出的不滿中，發覺形成不滿的真正原因，必須由其間找出具體而明顯的理由。
5. 若能自由進出董事長的專用辦公室，自能清除管理體制對所屬員工所造成的欲求不滿。
6. 當顧客對你抱怨產品不佳，或是要求賠償時，應想辦法讓他產生「我對貴公司的業務，稍有貢獻」的心理，如此一來，自能圓滿解決面臨的問題。
7. 若要斷絕對方的念頭，不妨讓他置身其間，親自感受其中的滋味。

別反對相反的建議

——除去欲求不滿的攻心說服術之一

當批評時不置可否，該誇讚時則予適當的褒揚

我有一位不同凡響的朋友，娶了一位令人不敢恭維的「牽手」；雖然她具有中等之姿，却讓人覺得有一種前所未有的土氣，這是我對她的第一個印象。

然而，當我再次見到她時，如豆的眼光不禁爲之放射異彩，不過數月之隔，想不到她竟像影片「窈窕淑女」的敍述一般，搖身變爲氣質優雅的貴婦人。

據說，這位太太在婚前，卽對自己的容貌有很深的自卑感，從來不施抹化粧品，自然也不會留意百貨公司的橱窗內所懸掛的美麗衣裳了。儘管，目前的社會逐漸注意穿著問題，這位太太却毫不心動，她對裝扮所表現的態度，已經超過「不在乎」的程度了。

或許是因她有位貌美的姊姊吧！更加深她的自卑感，而認定自己是個不適合妝扮的女孩。

如果，妳建議她不妨換個髮型，她會怒氣沖天地對妳說：「少煩我，我可不像我那位老姊！」一片好意落得不討好的地步！這種態度亦可視爲，由於自己的容貌不若長姊那般姣好，而產生欲求不滿的現象。但是，她將不美的理由嫁爲未曾妝扮的緣故。

他如何說服她，使她變成氣質高雅的淑女呢？打聽的結果是這麼一回事——

每當太太穿了一套既不合身，又無美感的衣裳，他半句話兒也不說，只當她原來就是這等模樣。

但是，一旦發覺太座今天穿了一件剪裁合宜的衣服時，總不忘誇讚她幾句。不但對衣服的變化如此，連髮型和配件亦採同樣的讚美。

丈夫的誇讚使她勤於改變自己的外型，本來嘛！女爲悅己者容，不是嗎？不多久，她就消除了自卑感。

以說服術揚名的廸．卡內基，在他的著作內也擧了類似的例子。內容是說某公司的董事長在巡視工廠時，發覺部份員工公然在懸掛著「禁止吸烟」的招牌下抽煙，卽使見了董事長也沒有擰熄煙蒂的跡象。

若遇著一位頭腦不冷靜的人，可能會怒火高漲地說：「喂！眼睛瞎啦！難道沒看見這兒懸掛著『禁止吸煙』四個大字。」但是，這位先生却由口袋裏掏出香煙，一一地請這些員工各拿一枝，並邀他們到外邊的草坪上閒話家常。

由這兩個例子，你可以發覺例子裏的主角，都不希望見到「不願見到的事」發生，巧的是他們採取相同的說服法——以相反的建議來替代直接禁止。

此外，例子裏的遊說對象在基本態度上相仿，一個是不願聽從別人的忠告；另一些人則是見了權威人物，仍然我行我素毫不理睬。亦卽，基本上他們都採取反抗的態度。

一般而言，欲矯正因欲求不滿而產生的反抗態度，必須採用間接的說服方式，若直接施以壓力，反而容易激起更強烈的反抗意識，這和拍皮球一樣，在充滿氣體的皮球上施加壓力，只會彈得更高而已。

拒絕對方或說服對方時不妨採用「第三種辦法」

一般而言，進行遊說時，說服者是處於不受遊說對象歡迎的地位。因此，原就心有不滿的遊說對象，此時更爲不滿了。在這種情況下的說服工作，可說是完全針對「不滿」而發的。

曾聽某雜誌社的職員提起，欲拒絕外界所推薦的文稿十分困難，不知該用何種方式處理，才不會傷害到對方。因爲，不論文章內容好壞與否，總是一些喜愛文學的朋友，花了數日的時間埋首書桌筆耕的成果呀！怎能以「毫無商業價値可言」、「沒有內容」等不加修飾的語句傷害他們呢？

因此，這些職員只好以「這類文章不適合敝社的讀者，因爲他們的程度參差不齊，待最新的市場調查結果公布後，若適合我們的讀者，一定率先採用這份文稿！」或說：「如果××雜誌社收到這份文稿，一定會採用的，你不妨寄去試一試！」等，不直接議論作品內容的委婉建議。

這種「相反」的建議方式，不單是使用在「禁止」對方做某些事情，或是「拒絕」別人的要

不必禁絕，提議相反的事，以解消不滿。

求等場合。當你想要讓對方主動做某一件事情時，也可以運用這個方法。

例如：小孩討厭洗手、洗澡時，妳不妨提高嗓門問他：「你會嗎？」、「恐怕不會吧！」等刺激他們的話兒。通常，他們聽了妳那疑惑的語氣後，都會自動地去做原本不喜歡做的事情，不信嗎？試試看吧！

這是利用「不是不願意，而是不會才不做」的心理，煽動小孩，使之產生超越困難的好勝心理。

曾觀賞過類似的電視劇集，故事中的主角是某公司的資深職員。此一公司的業績不佳，這位職員也快到達退休的年紀了。某日，該公司的經理對他說：「如果，你能想辦法讓那幾位年輕的職員自動離職，我將在你服務期滿後，繼續聘你爲顧問，如何？」

於是，這位老職員想盡辦法遊說這些年輕的職員自動離職，或是替他們介紹新工作。

不料事情敗露，當那些被說服離開公司的職員，獲悉這件事情的背後另有內幕時自然憤怒地指責老職員不該如此。老職員也只能以「我不得不如此做」來安慰自己。

事實上，在這個例子裏，唯一獲利並達到目的的人是該公司的經理先生。

他掌握了老職員的心理，利用他想繼續留在公司服務，却礙於服務年限已至，無法違反規章，而產生欲求不滿的現象，不直接地告訴他：「退休年齡也快到了，公司業務不振，職員太多了你辭職吧！」反叫他遊說年輕的職員辭職。劇中的老職員確實橫下心地進行他的任務，但是，現實社會中是否眞是如這般的發展呢？

多半他會在遊說別人的同時，深刻地感覺自己才是最該離職的人。

表面看來，經理是想挽留老職員繼續留在公司服務，實際上却要讓他自動辭職。經理的手腕確實高明，眞可說是一招安排巧妙的攻心說服術。他讓對方知道，欲留下來服務，還得具備相當的條件呢！

本則實例

1. 欲使對方改變態度，只要誇讚他的優點，包容他的缺點卽可。
2. 欲拒絕對方的提議時，不妨強調這種提議較適合於其他的場合。
3. 若遇到對方不願做某些事情，不妨反問他是否因為不會才不願動手。
4. 意圖使對方杜絕某種念頭時，需讓對方知道，若想達到目的，應具備相當的條件。

轉變欲求不滿的方向

——去除欲求不滿的攻心說服術之二

別人的不幸往往使人忘却自身的苦惱

前面所敍述的兩種去除欲求不滿的攻心說服術中，有一個共同點——皆欲使對方忘却欲求不滿的現象。

本節所要提出的辦法是，讓對方在保有欲求不滿的情況下，增加新的刺激，以達到說服的目的。換言之，這是一種利用「轉移」以達到說服的方法。亦卽說服者想辦法轉移對方的不滿情緒，或是讓對方改變對形成欲求不滿眞正原因的看法。如此一來，自能使因不滿而帶來的不悅減輕。

擧例言之，某報專欄裏，刋載了下列的問題：

一位方踏入夫家的新娘子，因家由能幹的婆婆負責管理，家中之事不分鉅細，皆由婆婆一手包辦，而覺得毫無用武之地，故鬱鬱寡歡。

專欄執筆者並未予以明確的解決辦法，只回想到昔日家鄉裏，一般家庭主婦的日常作息。他談到一位嫁到大家庭裏的新娘，每天都過著日出卽起，日沒乃息的日子，休息的時間也只是蹲茅坑和授乳片刻罷了。剩菜殘羹是她三餐的主食，沐浴則用孩子們用過的洗澡水。無需我在此贅言，讀者應了解，專欄執筆者道出如此悲慘的媳婦生涯，其目的無非是讓你比較一番，今日的媳婦生活是何等的悠閒！

我相信，那位新娘子看到這篇文章時，卽使未能完全釋懷，必定也減輕不少的不滿了。常聽人說：「別人的苦惱能使人忘却自身的痛苦。」這句話也可以形容在欲求不滿者的身上。

通常，人們發覺欲傾訴的對象所遭受到的痛苦遠比自己所受的深刻且沉重時，自然會轉而關心他的一切，感覺上自己的痛苦也減輕了。因爲，他能暫時退出一直困擾自己的欲求不滿，而發覺「天底下竟有這種事，自己所遭受的待遇還不錯嘛！」只要心中的不滿減輕，自然容易接受說服者的遊說啦！

使雙方的欲求不滿取得協調

這是將對方的不滿予以新評價的說服方式。當我們進行遊說時，若發覺對方對說服內容表示明顯的不滿，不妨暫時同意他的觀點。

舉例來說：A公司的職員到B公司交涉商品的價格時，B公司認爲A公司所開出的單價過高，而表示不滿。

如果，A公司派出的職員是位幹練的傢伙，他可能想到：

「眞不愧是貴公司的棟樑之材，做任何一筆生意都是穩紮穩打的，絕不吃虧，他們對於自己公司的產品極具信心，自然不願以高價格購買本公司的產品了！」或認爲「所提出的條件理當有利於公司，若能毫無阻礙地爲對方所接受，未免順利得離譜！……他們覺得不滿也是理所當然的事啊！」他完全接納對方因價格偏高而產生欲求不滿的現象。

欲說服一位尚無合適的結婚對象，而形成欲求不滿的女性時，不妨對她說：「似妳這般賢淑、美貌的女性，要想找個適合的對象自是較困難啦！妳覺得不滿是因選擇的標準太高了！」

以此方式先肯定對方的觀點，再想辦法繼續說服，亦是攻心說服術的技巧之一。

至於，此種方式何以能達到說服目的？

根據心理學家的研究，一位欲求不滿的人，自然明白形成不滿的原因是由於現實與理想相距太遠所致。但是，他並不確知自己的慾望是否會被別人接納？因此，心中早已存有「或許會遭到反對的情形」的準備。

如果，這種欲求不滿的原因，居然獲得別人的接納，極可能因此種意外的評價而對自己的觀點感到懷疑。

無可否認的，人類的心理確實令人難以理解，當你指責對方的不滿態度是無理或不當的表現，可能會使他的不滿更爲强烈；但是，如果你同意他的不滿，對方反而會懷疑自己的表現是否合理。

利用此種心理特徵，配合說服者的接納態度，自能相輔相成地使對方的不滿在不知不覺中消失。

除此之外，另有一個說服法是，卽使說服者本身對說明內容也覺得不滿，却不得不繼續說服時，不妨對遊說對象表明自己的態度和立場。

使對方不滿的條件，無論出諸說服者的背後集團，或說服者本身由於遊說計劃而不得不提出時，對說服者而言，同樣會形成欲求不滿的現象。

承認對方的不滿，不滿即萎縮。

就以此種彼此的立場對立，但是對同一個問題持有相同的不滿時，由於意識相同也可能使對方產生妥協的態度，而達到說服的目的。

利用向遊說對象吐露自己的苦惱或失敗經驗而達到說服目的，順利除去對方欲求不滿現象的例子相當多，這是讓對方認爲說服者亦非「事事皆如意」的人。家家都有本難唸的經，只是難易的程度不一致罷了！使對方與說明者產生心有戚戚焉的共鳴，如此一來，對方很容易就把說服者視爲自己的伙伴，而在無形中被說服了。

本章篇首所擧電視劇集的例子，劇中主角對老人們訴說自己所擔負的重責大任，引起老人墜入回憶的深淵，而興起暢談的念頭，使得劇中主角獲得引起老人們欲求不滿的線索，成功地完成說服的工作。

本則實例

1. 找機會讓對方與其他更強烈的欲求不滿者接觸、比較。
2. 肯定對方的欲求不滿是合理的表現。
3. 向遊說者表明說服者本身也有各種煩惱和不滿。

第五章　如何與他人協調

如何判斷妨礙說服的「反感」

當你企圖說服對方時，曾否遭遇到下列的拒絕態度？

※談話進行一半時，對方突然離席，或假裝沈思，故意把頭扭到一邊去。
※當你欲引入正題時，對方突然岔開話題。
※對方的語調過於虛假、客氣，不適合當時的氣氛。
※故意編出一大篇道理，一一反駁你的意見。
※對你所說的話，不斷地點頭表示同意，但却言不由衷。
※對方說話時，從來不提你的名字。

反應的表現因雙方的優劣關係而異

我們經常可以在小學生之間，看到下列的情形：本來到昨天為止，還是一對好朋友的A與B，今天見面時，竟然都綳著臉，一句話也不說，有時還會採取「報復的行為」。譬如，當A忍不住這股彆扭，想來遊說B，和他重歸於好時，B不但不接受，反而擺出一副老大不願意的樣子，把頭轉開去，這就是所謂的「報復行為」。

B為什麼不理A的說服呢？B所持的理由是：「A趁我不在時，跟C說了我的壞話。」因此，才冷峻地拒絕了A打算和好如初的建議。這時，阻礙說服工作進行的究竟是什麼呢？那是「反感」。而反感則都是由「我一直都認為他是我的至交……」或「真虧他受了我那麼多好處，竟然還對我如此……」等原因所造成的。

雖然在成人的世界裏，反感的表現型態，因情形而異，不一定會像天真無邪的孩子們，如此坦率地表露出來，但不可否認的，如果對方潛意識裏存有反感，那麼，說服的工作必難順利推展。

假設你所欲說服的對象，對你發生反感，認為「你只不過是個狂妄無知的年輕小伙子而已！

氣燄未免太盛了！」或「你實在一無是處！」……等，在這種情形之下，縱然你只是有一點芝麻小事要拜託他幫忙，在他來說，也只不過是舉手之勞罷了！但他却會斷然拒絕，讓你碰一鼻子灰。

前面已經說過，深層心理上的反感，如何以各種型態顯露在表面上，是因情形而異的，但大多是因雙方社會地位的高低，而有所變化。一個部屬若對其頂頭上司心存反感，因其立場的關係，無法直接表達心中的不滿，故此種反感必被抑壓在深層的心裏，然後再趁機以變形的型態發洩出來，這是必然的道理。

譬如，一位上司欲說服其部屬提起幹勁，努力工作，雖然這位被說服的屬下，表面上很恭敬地唯唯諾諾，不敢反駁，但實際上，當上司轉過身子後，他立卽恢復懶散的態度，彷彿已將剛才的告誡拋到九宵雲外。這種態度，卽是這位部屬將被抑壓的反感，形之於外的表現。

同樣地，縱使雙方關係非爲上司與屬下，但社會地位稍低的人，對於地位較優越者的說服，在表面上雖是一直點頭稱是，但毫不帶感情，或以過分謙遜的口氣答話等情形，都是反感的表現，也是說服工作的一大障礙。同時，你必須注意的是，當對方與你交談良久，但於交談中却從來不提到你的姓名時，那也是一種反感的徵象。

相反地，若主管對自己的部屬懷有反感時，換句話說，也就是社會地位優越的人，對社會地位低下的人，持有反感時，他根本不必抑壓自己的情感，也就是不必在深層心理紮根，大可坦率地表達出來。

譬如，當你們談話進行一半時，對方（指社會地位較優越者）突然一聲不吭地離席，令你在原地空等半天；或者，正要談到本題時，對方則故意提出另一個問題，將話題岔開，或假裝心事重重，低頭沉思，不理睬你的滔滔不絕，甚至將頭扭轉一旁，顧左右而言他；還有一種更極端的表現。即是，無論你是否在講話，對方根本無視於你的存在，自顧自地看報紙，或做自己的事。

如果，對方採取此種忽視你的人格之態度時，足見你此次的說服必是困難重重，也可能「出師未捷身先死」，說服工作尚未展開即胎死腹中呢！

在無所謂社會地位優劣情形的家庭裏，子女對於雙親的說服，答之以「編了一篇大道理」，以示反駁，這也是子女對雙親心懷反感時，所表現的態度。

期望落空所產生的反感

當你想要說服對方時，心裏想：「我們彼此地位平等，且人際關係有如白紙，並無任何瓜葛或成見，大概憑我的三寸不爛之舌，必能打動他吧？」可是，為何對方竟然一反常態，而以持有反感的態度對待自己呢？

如前述的小學生之例，當被說服者對於說服者的「期望」無法獲得滿足時，就會產生「反感」，同樣地，譬如對方一直以爲你是個「既親切又值得信賴的人」，但假使基於某種緣故，使得你做出背棄對方的事，縱然是微不足道的小事，可是，在對方看來，他對你的「期待」已落空，取而代之的是强烈的「反感」。

以上述的上司與部屬之例來說，當彼此對對方的「期望」，以某種型態被拋棄，也就是遭遇到「被對方忽視」的事實時，在他們的心裏就產生了反感。這種反感沒有表露出來，而不斷地積壓，直到成爲習慣之後，心理的熱能卽滯留，而形成深層心理，於是，「反感」卽隱藏在潛意識裏，盤踞心中不去。

誠如前文所說的，每個人都會有一種心理傾向，就是儘量將「反感」之類的事情拋至腦後，然而，此種情感的問題千頭萬緒，根本不易使之消彌於無形，於是，就被「抑壓」的觀念留置在潛意識裏，盤踞於心頭，無形中也支配了人的行動。因此，被說服的一方對你懷有潛意識的反感，當你欲採取行動，以說服對方時，反感却在潛意識裏忽然抬頭了。

「反感」也和本書另外七章所敍述的，拒絕他人說服的態度一樣，具有「感情論理」優先的傾向，因此，如「他很狂妄」之類的反感，往往先在自己的心中被論理化，以維護自己的觀點，然後堂而皇之地表示：「他竟然敢對我做出這樣的事來，實在是狂妄無比！」

從說服者的一方，以冷靜的眼光來觀察對方的這種「感情論理」，即可遽下結論：「對方的想法純屬感情用事，是不合邏輯的！」

這時縱然指責對方所產生的反感是無謂的，也是無濟於事！但就另一方面來說，因此種反感甚少有理論爲根據，故只要能技巧地「轉移」對方的反感，對方的反感不但會消失於無形，取而代之的則是加倍的好感。

在感情上承認對方的「話中道理」

——消除反感的攻心說服術之一

需分別使用語言與態度以消除對方的反感

當你想要說服對方，而對方潛意識裏却隱藏著：「虧你還是個男（女）人！」或「好個不知天高地厚的小子，竟敢向我遊說！」等反感時，你的第一步工作是什麼呢？

這時，我們首先要做的是，無論對方的所作所爲有無道理，必須承認他的感情。在心理學上，這種「承認」是會見時所使用的基本方法（在他章亦會述及），即肯定對方的觀點或感受，以取得好感與信任。因此，我們必須在懷有反感的對方面前，以言行表達出：「我很瞭解你對我的反感，也承認你的感受。」來化解對方的敵意。

所謂「言行」，當然是指語言和態度。前文亦曾提及，我們需視對方的社會地位之高低，以決定採用語言或態度，來表達自己的意願，方能獲得顯著的效果。

因此，對方的社會地位若比自己低時，你就一面說：「我似乎很惹人討厭！」來承認對方的感受，同時，也嘗試著令對方能「意識」出自己所表露的反感。如果，對方經由你的誘導，意識出自己所潛藏的反感時，由於禮貌的關係，他們不得不對你的「語言」反應。「哎呀！沒這回事，是你太敏感了！」只要對方有這種消除隔閡的反應，卽表示，對方的反感會急速地退縮。

因爲，經過這種舉動的暗示，對方會將「反感」從自己的潛意識裏拉出，與你共立於同一舞台上，重新進行人際關係，這樣，就可消除對方所「抑壓」的反感了。

相反地，如果對方的社會地位比你優越，當他表露出對你的反感時，假使你很唐突地說：「我似乎很惹人厭！」或「你對每個人都如此無禮嗎？」那麼，你可能會弄巧成拙，不但無法消滅對方的反感，反而使他在心裏詈罵道：「好狂妄的小子！」使得事態更趨惡化。

因此，像這種情況，你應以態度作「我的行爲可能冒犯了你！」的意思表示，換句話說，若是對方採取忽視你的態度，你則需以上述的態度，來容忍對方的反感。因爲，對方採取這種忽視的態度，卽是安著「試一試」你對他的「忽視態度」，究竟會產生何種反應的心理，所以，你若在感情上承認對方的感受，而以行動表示，自己一直是站在卑下的地位，如此一來，就可能引發出對方「寬恕」你的動機，而使他的敵意化消。

所以，這時你切不可忽視對方的反感，而一味地站在自己的立場，强調自己的主張，這樣反而會拉遠彼此的距離，使反感加深。

對方也可能以前述的「感情論理」態度，與你交談，你若想作合邏輯的辯駁，當然可以辦到，但是，你如果想使說服工作順利推展，那麼，你最好是承認對方「講得頭頭是道」，也就是在感情上，承認對方的「話中道理」，這樣才能找到解除反感的頭緒。

先將自己當作「惡人」以消除對方的反感

有時，我們爲了消除對方所懷有的反感，不得不將自己當作「惡人」，來承認對方的感受。

最近，有一個剛竄紅的電視女星，接受新聞記者訪問時，說明她投身影視界的原因：

某天，當她在鬧區中行走時，突然有位陌生男子向她搭訕，一開口就要求她到電視台試鏡。因爲，當時她並沒有躋身電視名星行列的念頭，同時，也對這名男子（原是電視節目的製作人）的唐突行動產生反感，所以便拒絕了。

這位男子遭到對方拒絕之後，便立卽道歉：「實在很抱歉，我知道這種態度太唐突了！使得這次的大好良機白白錯過，我覺得非常遺憾！但是，像妳這樣天生麗質的女孩子，最適合活耀在水銀燈下，讓萬人觀賞了。我無法遊說妳參加試鏡，算是我的失敗。我要請電視台所有的節目製作人，寫推薦書來打動妳的心，總之，請妳再給我一次機會吧！」於是，女孩子便由於這次的說服，而踏入從前曾發誓絕不涉足的影視圈。

這是由說服者首先向對方承認自己的錯誤，誘使對方答應「再見一次面」，而獲得成功的實例。當說服者掌握住第二次說服的機會時，當然要比初次見面時容易進行多了。假使這位女星沒有拋棄對那位節目製作人的反感，被他的誠意所感動，而轉爲好感，她可能就要過著平淡無奇的一生了。

爲了消除對方的反感，有時不得不將自己當作「惡人」，來承認對方。

一般說來，我們對於初次見面的人，驀然產生好感的情形應該是不多，因此，一個說服者必須有心理準備，很可能自己在無意中的某種行動，落入對方眼裏，就成爲不可原諒的瑕疵，而產生反感了。如前面所擧的例子：說服者一開口講話，對方馬上露出拒人於千里之外的臉色，當時，說服者就應該明白地表示，引起對方反感的癥結，是自己本身，這樣才能使說服工作推展到下一個階段，也才能使對方因你的誠意，而消除無謂的反感。

反之，如果只是一味地抬擧對方，令對方產生：「這個人經常如此玩弄這種手段嗎？」假使被說服者如此懷疑的話，那麼，說服工作就會觸礁了。因此，說服者若要使對方的反感轉爲好感，就不得不扮演「壞蛋」，使反感轉移到說服者身上，表明所有的過錯皆出於己身，要是不表現自己的誠意，就與詐騙的伎倆無異了。

本則實例

1如果對方的社會地位比你低，卽可使用「語言」，如「看來，我好像很惹人討厭！」來提醒對方發現其本身所隱藏著的「反感」。

2若對方的社會地位比你優越，則需採取「抬擧」對方的一貫「態度」。

3.需轉移對方欲試驗你的反應之心理。

4.欲說服對自己懷有反感的對象時，切不可一味地強調自己的主張，而忽視對方的反應。

5.對方「若有其事」地編出一篇大道理，我們亦應「若有其事」地承認他的論調。

6.在談話卽將進入本題之前，需坦承自己的錯誤，把對方的反感轉移到說服者身上。

製造共同「目標」、使反感轉向第三者

——消除反感的攻心說服術之二

使對方向「第三者」吐露反感

在前文所舉的小學生例子中，我們知道，反感是因第三者的介入而產生的，而那個小學生則因：「自己的朋友在背地裏，對第三者揑造自己的壞話。」而萌生反感，遂成爲說服其與之和好的絆脚石。

故當我們要說服對方時，亦可反過來利用此種「第三者」，使之成爲袪除反感的手段，這也是說服的方法之一。譬如，長年反目的兄弟，却以父親罹患疾病爲契機，而握手言歡了；又如，原來相互排斥的孩子們，因爲頑童的出現，遂盡棄前嫌，合力抗拒外來的侵犯者，因而和睦相處。我們卽是根據此一道理，在相互的關係中，有意地找出這種「第三者」，作爲化解反感的利器

擁有共同的敵人，可使反感轉向，而說服對方。

。

一般人認爲，「只要與外國交戰，國民便會團結起來，發揮無比的潛力以抗敵」，這也是此種原理所產生的作用。因爲，國難當前，爲了對抗外敵，根本沒有起內鬨的時間，否則覆巢之下那有完卵呢？

當然啦！在說服工作進行中，被僞裝成共同敵人的第三者，是個不折不扣的倒楣鬼，因此，說服者與被說服者彼此是同事關係時，就應將目前正在進行的工作，當作第三者，也就是使對方意識到共同的目標，爲達到此一目標，不得不除却對說服者的反感。

筆者有位當課長的朋友，當屬下對他發生反感時，他都以「工作第一！吵架的事等工作結束後再說吧！」這種原則，去遊說部屬，這也是足資借鏡的方法之一。換句話說，他即是把工作這個「大義名分」，擺在其與對方之間，使對方感情上所有的糾葛或反感，皆向第三者——工作發洩，也就是使反感轉向，以達成目標的方法。

以上所敍述的，即是設置一個第三者，使對方原是對自己而發的反感，轉而發洩到第三者身上，並使對方產生「他可能沒有我想像中那麼糟」的念頭。

向對方「暗示」反感毫無意義

有一種使對方的反感轉向，或袪除反感的說服技巧，就是誘使對方從另一個角度，來反省自己無謂而生的反感。

譬如，有許多上司爲了消除部屬對自己的反感，經常採取「我可能過分了點，不過，你也太拘泥於芝麻小事了，算了吧！大男人胸襟放寬些吧！」這樣的態度，來說服部屬，從攻心說服術的觀點來看，也是頗能奏效的一招。

無論對方對於說服者的反感，是有意識的，或下意識的，對方的心裏一定會有「不愉快」的感覺。大致說來，一般人都希望能與他人圓滿地交往，順利地進行工作，所以，不會自討沒趣地去製造這種不愉快，在潛意識裏，都想對他人產生好感，便於工作的進行。

所以，只要我們能夠巧妙地製造使對方消除反感的機會，對方通常都會順手推舟地解除「反感的武裝」。剛才所舉的例子中，上司是藉著承認自己的錯誤，同時，並將對方所懷有的反感，指責爲「芝麻小事」，意圖減少對方因拘泥於雞毛蒜皮之事，所造成之無謂的「心理損失」。易起反感的人，總是受感情所左右，缺乏對「芝麻小事」的客觀認識，故需「曉以大義」，使其認清反感的眞相。

要使對方了解此種反感是「芝麻小事」，還有另一種方法，那就是，令對方認爲這是大比賽過程中的一個小比賽，如此規定這種「反感」的地位，使他們知道那實在是微不足道的。然而，所謂的大比賽，即是指人生，或在一個「綜合大運動場」上，所舉行的各種比賽。

我們若使對方具有這種擴大視野的觀點，並使對方知道，我們並不是他們所認定的敵人，以長遠的眼光和寬濶的視野來觀察周圍的形勢，我們彼此還是自己人。

我們若能利用這些方法，使對方「心理的藩籬」得以逐漸撤除，便能對我們產生好感，換句話說，也就是將對方從「感情論理」的世界，推往「理性」世界，這樣，說服的工作就可算是成功了一大半。

本則實例

1.製造「共同目標」，使對方的反感，轉向第三者。

2.令對方從較寬濶的視野，來觀察自己的「反感」，使他們瞭解，反感是極「微不足道」之事。

3.暗示對方，對他人擁有反感的態度，是自己的損失。

4.讓對方認清，若以長遠的眼光來看，你並不是他的敵人，而是併肩作戰的朋友。

第六章　激勵對方的秘訣

如何看出阻礙說服的自尊心與虛榮心

當你企圖說服對方時，曾否遭遇到下列的拒絕態度？

※中斷說服者的談話，說：「我懂了！」
※對方不甘示弱地反駁道：「雖然你這麼說，不過我却認為……。」
※答以誇張的動作、蔑視的態度，或以使人焦急的語調，慢條斯理地回答。
※對於說服者的言行，極為吹毛求疵。
※在交談中，突然莫名其妙地一言不發。
※突然提出一些含糊的要求，令人難以回答。

隱藏真面目的拒絕反應

我們常聽別人說，雖是同樣的設計和質料，但是，標價較昂貴的高級女裝，却比較容易售出。最近，我曾經遇到一位服裝店的老闆，他說了一個發人深省的故事：

某位新來的店員，向一個打扮得雍容華貴，正在選購高級套裝的女士，建議道：「小姐，這套服裝既高貴又便宜，穿在妳身上正是相得益彰！其他那些服裝，又貴，又不見得適合妳，妳認為怎麼樣？」沒想到，那位女士竟然杏眼圓睜、柳眉倒豎，氣勢洶洶地怒罵道：「什麼叫做便宜？你以為我沒有錢買貴的衣服是不是？眞是豈有此理！實在太瞧不起人了！」老闆聽到嬌斥聲，嚇了一跳，以為店員得罪了顧客，連忙趕過去看個究竟。當他獲悉事情的眞相後，只好打躬作揖，一再地向顧客道歉，才算平息了這場軒然大波。

如果在超級市場，那麼，必須以「物美價廉」為號召，來遊說顧客購買，然而，場合不同，這句口號就喪失它的吸引力，反而招致反效果啦！

當我們欲說服對方時，常因沒有考慮到對方的自尊心與虛榮心，不經意地採取了刺傷對方的語言或態度，因而失敗的事例，眞是不勝枚擧。尤其是欲說服一個有強烈自尊心與虛榮心的對象時，與其他幾章所舉的「不安感」、「警戒心」、或「反感」不同，並不是只要將這些導致失敗的因素，從對方的深層心理除去，即可獲得成功，而是要在不刺傷對方自尊心與虛榮心的原則下，誘導對方進入易被說服的範圍。

從前文所舉的例子即可知道，有時候，自尊心和虛榮心是不可以損益或利害關係來測量的。譬如，在美國曾有人作過「你訂閱那種雜誌呢？」的問卷調查，結果，大多數人都舉出一種或數種高級雜誌的名稱，只有少數人舉出專門窺探他人隱私的低級雜誌的名稱。

可是，事實上恰好相反，那些以高級雜誌掩人耳目的，多是經常欣賞低俗雜誌的人。對於這種無需掛慮他人的譏笑，也無需裝模作樣，故作高貴的問卷調查，都還要虛榮一番，怕被別人窺視出其低俗的一面。如果是站在被說服的一方，那麼，就更需要維持自己的體面，將自己「心理的藩籬」武裝起來，不容別人的侵犯，這種情形是可想而知的。

原來所謂的自尊和自負，不僅是認定自己站在比別人更優越的地位，以掩飾「誇大的自我」而已，並且是努力實踐此種優越地位的心理。然而，與此相對的，虛榮心只不過是想讓別人高估自己，以滿足自我的心理而已，而且，這種心理大多以擁有許多東西、執著於名譽等形態出現。無論是那一種，都是同樣地，想讓自己站在比別人更優越地位的心理。因此，當自我優越感的欲求作祟時，便會迷惑於名利的引誘，無法看清自我，又由於「過份自信」的心理在不斷地助長，自尊心或虛榮心就漸趨强烈了。

每個人都想要持續自我優越感的欲求和「誇大的自我」，而不願降低自我的水準，然而，由於容納說服，會使自我的水準降低，因此維護自我水準的拒絕反應、抗拒感、防衞反應，也就相對地增强了。

此種反應有兩種形態，一是在潛意識裏，怕發現眞正的自我，這被稱爲「無意識的防衞機制」，另一種則是，不願意讓說服者察知自己的心理狀態的拒絕反應，由此而產生不願說話、或不接受遊說的現象。

隱藏的自尊心

那麼，當對方深層心理中的自尊心或虛榮心，阻撓說服工作的進行時，對方將會表露何種態度呢？

首先，最常見的態度卽是，在說服者的遊說過程中，突然打斷說服者的話，不耐煩地說：「我懂了……」或「我明白你的意思……」。表現這種態度者，就是擁有强烈的自尊心與虛榮心的人。也就是在對方潛意識裏，不願意被觸及的「誇大的自我」、自我判斷、與自我意志決定等深層心理的表露。同時，這些話包含了「我懂啦！你不用再囉嗦了！」或「我明白你的意思，你不必解釋得那麼清楚，難道你不信任我嗎？」的意思。

同樣地，採取蔑視他人的態度者，具有上述深層心理的也很多，換句話說，採取「我跟你不同，你這種人怎能對我……」的態度的人，具有高度的優越感，鄙視對方，想要積極地固守自己的判斷。

還有一種並不是眞正打斷說服者的話，而是說服者正在滔滔不絕時，對方突然閉口不言，對於說服者的言語，採取相應不理的態度，這種情形通常都是由於說服者不經意的話，含有刺傷對方自尊心的成分所致，對方爲了不願讓說服者，更進一步地侵害其自我，故有此種心理表現。還有一種情形是，對方非但沒有保持沉默，反而對說服者的話吹毛求疵。這種故意挑他人毛病的現象，也是因話題中，含有刺傷其自尊心與虛榮心的因素，故使被遊說者對於這些要素，產生自我防衛。

另外一種情形，就是當交談即將獲得結論時，對方却攔腰一斬，說：「要是……那該怎麼辦呢？」或「如果這麼做，會有什麼結果呢？」等類似的疑問語句，來阻礙話題的進展，使問題無法獲得解決；這種人是深層心理的自尊心很强的典型。由上司與部屬之間的關係等，經常可以見及此種情形，尤以所謂的知識階級較多。

當被說服者表現出以上的態度時，這是不斷地暗示，他比別人更優越，知識更豐富，含有「你縱然再費口舌，也是無濟於事的！」的意思，因此，才對說服者採取攻擊性的舉動，以防衞自身。

同樣地，若總是說「……好像有點不太對……」或作一些含糊的要求、以及反覆曖昧地答話時，也是以自己的自尊心或虛榮心，作爲拒絕說服者的擋箭牌的情形居多。另外，「雖然你是這麼說，但是，我却以爲……」裝作聚精會神地傾聽對方的話，然而却如此反駁的被遊說者，其實也是不願意讓說服者傷害自己的自尊心，故對此設置一道防線，以維護其脆弱的自我。

當你所要說服的對象，是個輩份或年齡較你長的人時，對方如果說：「年輕人實在是不錯的！」故意如此强調年代差距的話，那麼，他必然是個深層心理的自尊心非常强烈的人。因爲，這是他們不願別人傷害自己因年長，而顯得觀念較保守的自我，故在自己與說服者之間，築起一道防線，以維護自尊的心理表現。

以上所述的，皆是擁有强烈自尊心與虛榮心的人，所採取的拒絕態度，然而，通常將這種深層心理，表露無遺的形態有：喜歡自我吹噓、或喜以誇張的動作，故意引起周圍人們的注意等。

這是政治家慣有的形態，卽是有誇張任何事物的傾向。譬如：如果有人遊說某政治家，他必然很有自信地拍拍胸脯，說：「沒問題，一切看我的！」從表面看來，他似乎是個古道熱腸的人士，對於說服的內容一概接納，事實上，這種表現却含有敷衍了事的意味，換句話說，也就是有拒人於千里之外的態度。

現在，我們來研究一下，當我們所欲說服的對象，採取以上所列擧的態度時，說服者應如何對付，才能在不損及對方的自尊心、虛榮心等「唯我獨尊的自我」的情形下，獲得對方的信賴，使對方產生我們所預期的反應。

不要指責對方的錯誤

——利用自尊心與虛榮心的攻心說服術之一

以疑問語句表現說服內容

我們進行說服工作時，最容易犯的錯誤之一是，當我們發現對方犯錯時，就會「那是不對的，像這種事，任何人只要想一想，都可明白的！」以這種批評對方無知的態度，打擊對方的自尊心。對方的自尊心受損之後，就像剛才所說的一樣，不是一言不發，就是故意在言詞上挑毛病，拒絕說服者的要求。

因此，我們必須在不會刺傷對方自尊心的原則下，進行說服工作，換句話說，當對方犯了明顯的錯誤時，切忌立即指出、或批評，應顧左右而言他，廻避此一問題，來說服對方。美國著名的政治家B・佛蘭克林年輕時，常喜在公共場所大放厥辭，高談濶論，是屬於徹底打擊對方的典型。因爲他的言詞到處傷人，時日一久，就沒有人願意傾聽他的高論了，當他發覺衆人都在廻避自己時，立卽檢討錯誤的癥結，改變說話的語氣。

後來，他將自己的意見，改用疑問的口氣來敍述，如此一來，他的語鋒不再銳利刺人了，大家也能平心靜氣地接受他的議論，從此，他在政壇上平步青雲，這是衆所周知的事。

因此，我們不可以「我認爲絕對是這樣」等斬釘截鐵的口氣和態度，來威壓對方，而應改用「是不是這樣呢？」等委婉的態度，和對方接觸，這也是深層說服術之一。

不過，說服者若不小心刺傷對方的自尊心，而對方已經採取强硬的防衞態度，也就是顯露拒絕的態度時，應該如何處理呢？這時，說服者應暫且廻避此一問題，或避重就輕地帶過，俟對方的感情稍微平靜之後，再繼續進行。

因爲，此時若深入地討論此一問題，不僅會激使對方潛藏於深層心理的自尊心，露出意識面，而勃然大怒，並且還會將對方逼至死角，當對方作困獸之鬪時，說服工作當然會無疾而終。像這種情形，有時，對方在心裏的某一角落裏，會承認說服者的道理，說服者若能洞悉其心理，並算出對方的「感情冷却期間」，等待對方自主的判斷，那麼，對方有時也會出乎意料之外地表現出軟化的態度。

美國有一本著名的說服術，書中曾舉出如下的例子：

有一個速成蛋糕的製造商，在包裝盒上寫著：「不必加牛奶，只需加水就可做成香噴噴的蛋糕。」可是，買了速成蛋糕的主婦們，却不依照說明書的指示，來焙製蛋糕，反而自作主張地加入牛奶或其他材料（因爲她們有此習慣），然而，出爐的蛋糕却不好吃。

因爲，主婦們烹調食物或點心時，都喜歡有「親手」做的感覺，更進一步地說，她們都有點自負，認爲必須由自己利用各種技巧，動手去烘焙，那個蛋糕才會美味可口，因此，縱然是速成食品，也必須經過親手調製才放心。

當製造商知悉此一顧客心理後，就改變速成蛋糕的成分和做法，卽使主婦在焙製過程中，隨心所欲地加入牛奶、雞蛋等，也能焙製出令人垂涎三尺的蛋糕。製造商並在廣告上强調此一特點，果然大獲好評。

這個例子也可充分地運用在攻心說服上，譬如：上司吩咐部屬一件工作時，有時若給予過分詳細的指示，反而無法達到圓滿的結果，像這種問題，只要上司能夠考慮到部屬的自尊心，在交待的工作中，留一些能讓部屬自由發揮其創造力與思考力的餘地，這樣，部屬就能自主地完成工作。換言之，上司若表現出無所不知的驕矜態度，將部屬當作是一無所知的毛小孩來指示，那麼，對方的自我防衞本能就會加强。

以沈默代替唇舌的說服術

不要指責對方的錯誤，而巧妙地維護對方的自尊心，雖然都是說服對方時，必須注意的事項，然而，此時亦有個不可忽略的說服技巧，那就是，於適當時機不與對方交談，亦卽不與對方正面衝突的方法。

譬如，孩子的考試成績不理想，在他幼小的心靈裏，必然以為，當這份「滿江紅」的成績單，呈現在父母面前時，定招來一頓責罵，所以，此時父母應緊閉雙唇，以溫和的微笑代替嚴厲的責罵。這麼一來，孩子原先以為父母會責罵自己的期待落空後，他反而會更加奮發，極可能在下次的考試中，有令人刮目相看的成績出現。

還有一個與此相似的例子：有位高中棒球隊的選手，在某次練球中，沒有向教練請假，便開溜了。當時，球隊的規定很嚴，如果這件事被發覺了，開小差的選手必會受處罰。但是，當開溜的選手看完電影，回到球隊時，教練竟然若無其事地不吭一聲，從此以後，這位選手再也沒有偸懶過，很勤奮地參加練球。

這位選手畢業後，在某次的同學會碰到那位棒球教練，向他說：「教練，當時你一句話也沒

說服具有強烈自尊心的對象時，保持沉默是一招撒手鐧。

說，這種無言的責罵勝過有形的處罰，眞是使我終生難忘！」說完，一副感慨良深的神情，教練則以嘉許的眼光看著他。

像這樣，不指責對方的失敗或錯誤，而以沉默代之，也是深層說服術的秘訣之一，藉此種辦法，可使對方自我反省、自我苛責，以代替說服者的斥責。

以上所敍述的說服術；是在尊重對方自尊心的原則下，進行說服工作時，不可或缺的技巧；卽使是在不得不指責對方的錯誤時，也應顧及對方的自尊心，選擇適當的時機，方可一一指出，這是必須注意的事項。

我想，也許有很多人都經驗過，當你在別人面前被指責或詈罵時，不但自尊心受損，也常覺得面子掃地，是一種無比的恥辱，永遠烙在心版上。

我曾經聽人說過，女性在其他女性面前，被刺傷自尊心的感覺，是比死還難過的，的確，我曾在指導女生的畢業論文時，發現到這種女性心理，這是女性自尊心的特徵，因此，從那時起，我就非常留意，儘量避免在他人面前，給她們任何難堪。

所以，在超級市場或百貨公司等地方，若有家庭主婦順手牽羊，負責人也都會顧慮到這種深層心理，將她們帶至別的地方處理，這種情形從深層說服術的立場來看，也是足資效法的方法之一。

本則實例

1.為了不刺傷對方的自尊心，可採疑問的口氣，來談說服的內容，以減少對方的心理壓力。

2.當對方採取強硬的態度，來維護其自尊心時，說服者應暫時停止遊說，等候對方感情的冷卻。

3.對於有強烈自尊心的被說服者，應留一個餘地，讓對方有思考、創造的機會，如此，說服工作卽能順利推展。

4.有時，對於擁有強烈自尊心的對象，保持緘默，不作任何表示，反而能成為最佳的說服利器。

5.在不得不指出對方的錯誤時，需選擇適當的時機，並維護對方的自尊心。

搔中對方「誇大的自我」

——利用自尊心與虛榮心的攻心說服術之二

利用第三者來誇讚對方

在不損傷對方的自尊心或虛榮心的原則下，進行說服工作的另一個方法，是巧妙地替對方虛榮的自我，加上一頂高帽子，使他們的自我更加地虛榮。這是刺激對方的虛榮自我，使其更爲壯大，遂因過於得意忘形而落入說服者所設的「陷阱」內，使說服成功。

通常，我們想說服對方時，常以「除你之外，再也沒有更適當的人選了！」或「眞虧是你，你這種當機立斷的魄力，實在令人佩服！」這類的溢美言詞，來誇讚對方，這在深層說服術裏，也是給對方戴高帽的方法之一。但是，你若只是一味地讚美對方，他必認爲你是個專門逢迎他人的諂媚者，那樣一來，你的馬屁還眞拍到馬腿上了！因此，當你欲使用此種方法來說服對方時，態度應自然而誠懇，也就是要毫不露痕跡地表演。

譬如：與其直截了當地以「除了你之外，再也沒有別的人選可勝任這項工作了！」的語詞來說服對方，不如不露出蛛絲馬跡地說：「你看！A先生容易犯……的錯誤，B先生有……的缺點，算來算去，也眞是除你之外，再也找不出第二個人來接這項工作啦！」如此故意將對方的「競爭者」搬上舞台，並提出客觀的觀點，適當地替對方的虛榮心戴上一頂高帽子，這麼一來，對方就不會以爲是拍馬屁了，反而心裏沾沾自喜道：「嘿！說的也是！除了我之外，再也沒人幹得了啦！」這一種加上附帶條件來誇讚對方的說服術，筆者則稱爲「附帶條件的絕對化」，此種方法的效果，常是出人意料之外的。

這種不著痕跡地阿諛對方的方法，還可擧出對方的所有物來讚美一番，或藉對方所不認識的第三者之名，以適當確切的言詞，捧對方一場，都可收到效果。

我有一位朋友，是某雜誌社的編採人員，當他想要採訪某人時，一定不會向對方戴「個人的高帽子」，而是，改以客觀的眼力，來讚賞對方的庭園、牆上的字畫、室內裝潢、他的子女、太太等，讓對方覺得飄飄欲仙，而感到舒適愉快，因此，經常能獲得很好的採訪資料——此卽是藉褒獎對方的所有物，不露痕跡地抬高對方地位的方法。

另外，擧出對方所不認識的第三者，藉第三者的力量來說服他時，其效果有下述的心理學上的背景：一般說來，同樣是讚美，但人們的心理喜歡陌生的第三者的讚美，勝於所認識的身邊人物的誇獎，因此，如果告訴對方，有個陌生的第三者對他讚不絕口，他必感到飄飄然，有如騰雲駕霧，認爲除了自己所屬的世界外，也有人承認自己的價值，當然會感到光榮和興奮啦！這種「連陌生人都承認我的存在價值」的驕傲，滿足了他的自我心理，因而產生應允說服內容的意欲。

譬如，當你欲向一位客戶推銷豪華轎車時，與其說破嘴皮子，告訴對方汽車的性能有多優良，外型有多美觀，這一類理性的資料，還不如告訴對方，「某某大明星也是開這一種車子」等感性的話，來說服對方，成功率也比較大些。此卽是利用「第三者」的力量，抬高對方的自尊心或虛榮心，以獲得說服的效果。

尊重對方的地位

刺激對方的「虛榮自我」，還有另一個方法，那就是利用對方的「地位意識」，來進行說服工作。譬如，想要說服自己的上司時，就應刺激對方的「地位優越感」，强調自己的無能，以「我恐怕無法勝任，所以……」的態度，來煽動其表現慾。這樣就能刺激對方對於自己的地位，擁有高度的優越感，心想：「說得也是呀！這傢伙的能力恐怕是不行，還是讓我自己來吧！」於是，便會高高興興地、心甘情願地應允對方的要求了。

與上述情形非常類似的是，有些人很在乎「地位體面」，譬如談生意時，對方所重視的並不是生意的內容或條件，而是「他們會派何種身分的代表，來與我磋商？」因此，當你想要向銀行貸一筆鉅款時，如果任意派遣一位女職員或次級職員，和銀行經理洽談，也許對方會火冒三丈，心想：「眞是豈有此理！怎麼會派一位次級職員來見我呢？這豈不是漠視我嗎？」如此一來，生意當然吹啦！所以，對於一個重視「地位體面」的人，必須以對方所能接受的人爲代表，去進行說服工作。

然而，對方如果是高級知識分子時，則需使對方擁有「我比你懂得多」的自尊心獲得滿足，除此之外，還需解析所欲說服內容的缺點，亦即不利於對方之處，以配合對方的意識階層，如此，也能收到意想不到的效果。這種說服術可說是，包含說服意圖的正反兩面資料，藉以哄抬對方的「地位意識」，而獲得「兩面說服法」的效果。

使對方從另一角度觀察自己的自尊心

對於一個以自尊心爲擋箭牌，而拒絕說服的對象，使他認爲接受說服是出於其「自由意志」

的決定，這也是提升對方自我的重要方法之一。因爲，自尊心很强的人，同樣地，自卑感也很重，所以，他們很害怕自我被攻擊、被刺傷，而一味地採取防衛的姿態，但却忘了自己立場的重要性。

因此，當你想要說服這樣的人時，應讓對方從另一個角度，重新觀察自己的自尊心，使他意識到，自己是個何等重要的關鍵人物，這麼一來，原是說服障礙的自尊心，却反成爲說服的催化劑。換句話說，說服者可先承認自己的錯誤，以滿足對方的自尊心。

現在擧一個例子說明如下：有位美國著名的說服專家，在其著作裏談到，他曾帶著愛犬到某公園去溜狗，當時他並沒有替狗拴上鐵鍊，也沒有戴上口罩，就大搖大擺地在公園蹓躂，然而，狗不拴上鐵鍊，不戴口罩是違反法律的。當他溜狗溜得正高興時，遠遠出現了一位警員，筆直地朝他走來，他心裏一慌：「糟糕！準要被臭駡一頓了！」果然不錯，警員警告他一番，並由他當面道歉，且口頭保證此後不再犯，才算了事。

過了幾天，他早就把這檔子事忘得一乾二淨，又帶狗到公園去散步了——當然又違反規定了——但是，無巧不成書，却被同一個警員發現，當他意識到這種尷尬的場面時，在那位警員尙未採取任何行動之前，立卽主動向警員道歉，責駡自己的健忘。警員看到他這種勇於認錯的精神，心裏非常的舒服，說：「到我看不見的地方去溜狗吧！」

的確，我們若能製造時機，讓對方指摘我們的錯誤，如此必能使對方的强烈自尊心，放棄防衛態度，給予說服者有利的決定。再說，若想誘使對方踏入「說服的陷阱」，就需刺激對方的優越感，使他認爲，說服者是完全受他擺佈的，簡單地說，卽是令對方以爲，自己的自尊心不是被攻擊，而是支配說服者的。

本則實例

1. 運用「除你之外，別無他人可勝任……。」以抬高對方地位的方法，來進行說服工作時，應附帶一個「因為……所以……。」的條件，方能收到效果。
2. 很自然地藉對方的競爭對象，來說服他。
3. 除了直接誇讚對方之外，尚可間接藉讚美對方的所有物，來達到說服的目的。
4. 欲以提升對方地位的方法，進行說服時，仍以陌生的第三者之誇獎，較具效果。
5. 以能夠刺激對方的「地位體面」者，進行說服。
6. 如果所欲說服的對象是頭頂上司，則需以刺激其「地位意識」為說服要訣。
7. 對於懷有強烈地位意識的人，需選擇適當的人選去說服他。

8. 要說服知識階級的人，需加上與說服意圖相反的資料，作「兩面說服」。

9. 讓被說服者指摘說服者的缺點，使被說服者能重新認識自己的重要性。

第七章 如何使對方產生積極的態度

如何察覺出妨礙說服的不安感

當你企圖說服對方時，曾否遭遇到下列的拒絕態度？

※對方表現出歇斯底里的言語行動。

※採取消極畏縮的言語行動。

※以「我不想聽你的話」的態度，來拒絕說服者。

※在交談中，突然採取不願意傾聽的言語行動。

※當你有求於對方時，以「我怎麼夠格……。」來強調自己的無能。

不安感會隨說服內容而增加

前些日子，我在路上巧遇一位朋友，他是某企業公司的經理，他一直向我埋怨道：「現在的年輕人……」我覺得很奇怪，他怎麼會發這種牢騷？經我再三追問，他才道出原由。

原來，總公司曾下一道人事命令，要將A調職，而A則是他一向關懷備至的部屬之一，他覺得光是這麼一紙人事命令，就要把他調到偏遠的分公司，心裏實在過意不去，於是，在某天早上，他決定到這位部屬家裏去拜訪，並給予精神鼓勵，以免A因調職而自甘墮落。

他告訴A：「只要是公司裏的職員，都應該服從公司所決定的人事命令，無論是天堂地獄都得去，當然哪！那個地方交通的確是有點不便，也沒有什麼像樣的娛樂場所，而且你又得遠離家庭，跟你的女朋友兩地相思……」他如此滔滔不絕地訴說調離的缺點，然後又接著說：「……不過，你想想看，你才二十六、七歲，還這麼年輕，到偏僻的地方去奮鬪，可以積一些經驗，作爲將來出人頭地的踏脚石，希望你能好自爲之。」

我這位朋友以爲，如果故意將情況說得嚴重些，就能引發A的鬪志，因此，才一直强調調動的不便。當他勸慰完後，以爲一切都很圓滿，就很放心地回去了，沒想到，A不僅沒被安撫，反而對這次的調動表示極端的不滿。

我這位朋友的說服，爲何沒有成功，反而弄巧成拙呢？爲何他會慨歎年輕人毫無克服困難的鬪志呢？當我聽完他的敍述後，我就察覺到此一問題的癥結，很可能這位年輕人在其深層心理，擁有喪失「社會生命」的不安感。

換句話說，在這位年輕職員的心裏，有一種想法：「雖然經理是這麼說，然而美其名是調動，實際上還不就是降職？這樣，我是不是就已脫離了上進的機會？女朋友會不會因而背棄我？」很可能這種喪失「社會生命」的不安感，會充滿他的內心，而成爲說服的障礙。

不但如此，而且，我那位朋友只是一味地想激起對方的鬪志，根本沒有察覺到對方的不安感，才一直反覆地告訴對方不利的條件，給予對方不利的暗示，然而却獲得相反的效果，這亦是導致失敗的另一原因。

發明一種利用自我暗示，以治療種種疾病的精神療法的法國艾密爾・庫埃博士，曾說過：「自我暗示術的秘訣之一，即是不作『病痛是會消失的，病痛是會消失的，病痛……』的暗示，而是作『病痛是會消失的，會消失的，會……』的暗示，以避免不利語詞的重複。」

我們可以想像得到，這位年輕職員當然也會覺悟到，認爲反正免不了要調動的，又何必如此耿耿於懷呢？也就是說，他即是靠這種覺悟來壓抑，隨調動而來的不安感；可是，我的朋友却採取了與自我暗示術相反的說服法，將原來只不過是芝麻般小的不安感，如滾雪球般地逐漸擴大。

對於應允說服後的變化所產生的不安感

前述的例子，是因在無形中增强了對方的不安感，因而導致失敗，相反地，能夠顯示超越深層的不安感或恐懼感，而應允說服時的心理狀態的例子，則是罪犯屈服於警員的遊說，而寫下自白書的時候。

根據一位研究犯罪心理學的朋友說：「犯下重罪的嫌犯在自白之前，都會如喉嚨裏哽住什麼東西，需將它吐出似的，在喉嚨裏『ㄎㄥ　ㄎㄥ』作響後，再行自白。」

犯人爲何會以喉嚨發聲的型態，來表示內心激烈情緒的變化？因爲，在犯人的深層心理，有著「如果答應警員的說服，寫下自白書後，就可得到解放了！」然而，另外一種「要是自白之後，就會被定罪，喪失社會生命，甚至喪失生命（死刑）了！」的「保存自己之欲求」，而發生激烈的衝突、糾葛所致。

如上所述，雖然同樣是防衞性拒絕的心理狀態，而在第一章所談到的妨礙說服的警戒心，如果說是對於說服者的一種防衞反應，那麼，妨礙說服的不安感，則是對隨著說服內容而產生變化，依據「保存自我的欲求」，表現的一種防衛反應。

人類也像動物一樣，遇到敵人時，不是採取逃避（消極）之途，卽是拼命地攻擊（積極），以保衞自己的生命，此卽是「保存自我的欲求」，除此之外，人類還有防衞精神人格（自我）的「保存精神自我的欲求」。從廣義方面而言，這是一種保存社會生命的欲求，就如前述的例子，那位年輕職員雖然平常只是埋怨，自己不過是公司這個大組織中的一個小齒輪而已，可是，一旦知曉自己被調動後，就馬上表示不服氣，這種表現不外是，他認爲自己若服從調動的命令，就會喪失社會生命，因而產生不安感。

當然，這種欲求在平日的社會生活中，是被壓抑著且保持一定限度，而未露出意識面的，不過，有時也會以過分「執著於金錢」（意圖保存自己生理的和社會的生命，却將存錢此一行動本身目的化了，換言之，卽是本末倒置，因存錢本是手段而非目的），或毫無理由地虐待小動物（藉虐待弱者，來表示意圖保存自己生命的心理）等型態來表現。

其實這些都是人類欲以極端的行爲來表示，其在精神上保存自我的欲求，因此，當你進行說服時，對方保存自我的欲求，也會因對於應允說服後，隨之而來的變化，而產生反應，亦卽不安感隨之而生。故對方所採取的意外行動，乍看雖不似因深層心理存有不安感，而拒絕被說服，其實是基於不安感所產生的行動。

歇斯底里之言行是補償不安感的表現

在心理學上常被用來說明不安感和恐懼感的表現，是因人而異的案例，是指打自娘胎出來，頭一次上前線殺敵的四個士兵A、B、C、D之行動。

當他們四人在槍林彈雨中，奮勇前進時，突然有顆炸彈在他們的周圍落下，轟然一聲爆炸了，這時，A一點也不感到害怕，若無其事地繼續向前衝殺；然而，B卻覺得汗毛倒豎，生怕第二顆炸彈會在自己的頭上開花，於是頭也不回地臨陣脫逃了；C也同樣地感到很恐懼，但是，他深以脫逃爲恥，只好儘量壓抑不斷增强的恐懼感，把自己幻想成勇敢的壯士，並藉以誇示朋儕，雖然外表是如此地勇猛，不過，在其內心中，恐懼感和恥辱卻不斷地交戰著；D和B、C一樣，也感到非常害怕，總覺得自己是在剃刀邊緣，生命毫無保障，然而，他卻以執行義務此種昇華的防衞機制，愼重地運用自己的理性，順應情況，處之泰然。

雖然，上述的例子並非指說服的情況，不過，由此可見，伴隨著說服而來的不安感或恐懼感，也會因人的個性而有所不同，表露於言語行動的形態亦有所差異。玆擧兩種性格迥然不同的人，對於此種言語行動的表露形態的差異，略述如下。一是歇斯底里性格，另一則是內向性格。

歇斯底里性格的人，想要廻避伴隨說服而來的不安感時，多採用所謂「虛張聲勢」的誇張動作，和「誇大其辭」的言語表現。而這種誇張的言行，前文也曾敍述過，卽使是具有强烈自尊心的人，也會採取此種表現態度，來拒絕被說服，兩者所不同的是，有不安感的人不會像具有强烈自尊心的人一樣地蔑視別人，而是有歇斯底里的傾向。當然，一般人多少都具有歇斯底里的性格，藉著戴一副「戲劇性的假面具」，以支撐自我、確信自我，來廻避或解消被說服後所帶來的不安感。

另一方面，內向性格的人對於事情的細微變化，卽很敏感，很容易產生不安，他們不僅在說服工作進行間，採取廻避的消極言行，就是在被說服之前，也比歇斯底里性格的人更敏感、消極，儘可能地避免事情的發生；換句話說，也就是爲避免被說服後可能發生的不利後果，而產生强烈的不安感。

因此，如果事先知道說服對象，對於任何事情都表現得很消極，卽知其必爲內向性格的人，則需採用不會使對方產生不安感的說服術；而比內向性格更易產生不安感的是强迫性格。這種性格嚴重時，只看到剃刀就擔心，是否會切斷自己的手指頭？恐懼感卽油然而生，這種强迫觀念非常强烈。

譬如，一位部屬誠心誠意地，向上司提出自己的意見，但這位上司竟然以組織的人際關係爲

歇斯底里之言行是補償不安感的表現。

擋箭牌，只要是地位比他高的人，其意見一概接納，而屬下的建議則一概回絕，以「不行就是不行」，如此斬釘截鐵的語氣和態度，來斥退善意的建議者。這位上司卽是具有强迫性格的人，因爲，他以爲接受部屬的意見，不啻喪失自己的地位，故極力拒絕，此卽是具有强迫性格者，時常表露的拒絕態度之一。

同樣地，屬下縱然想幫上司的忙，上司也一概不接納，無論是大小事情，都想親自處理，絕不假手他人，這種上司如此不信任他人，也是由於具有與此種强迫觀念相同的心理結構所致。

另外，還有一種與個性無關的情形，那就是，有的人在說服者正滔滔不絕地遊說時，擺出不願繼續傾聽的態度。此種表現可視爲是，在潛意識中爲防衞過分知悉說服內容，而產生不安感的心理表露。當然，每個人對於不確知的事物都會產生不安感，此種現象在心理學上稱爲「認知的未分化」，這也可算是造成不安的原因之一。因爲，如果過分知悉事情的過程，也就是認知的分化過分地進展，卽會加入各種因素，使不安感增强。

前文曾經說過，自尊心過於强烈的人，若想拒絕被說服，常以「我明白了」來截斷說服者的話，這種「我明白了」的話，含有「我不再繼續聽你的話，也完全懂你的意思啦！」之意義，同樣地，持有不安感的對方，以「我明白了」之類的話語，來打斷說服者的話，則是想維持他不願過分知道詳情的堅定地位。

當我們所欲說服的對象是女性時，對方常以「我怎麼能……」的方法來拒絕，這句話的涵意有二，一是，在其意識裏，正計算著：如果立刻答應了，是否有失女性的矜持？另一則是，「答應了對方之後，萬一無法完成，那該怎麼辦？」這種不安感就會成爲她的心理負擔。這也是人們在其深層心理產生不安感時，所表現的方式之一。

以上所敍述的，均是造成對方不安的原因，只要我們瞭解此原因卽是，徬徨於對方深層心理的不安感時，卽可對症下藥，消除此一癥結因素。那麼，我們應如何消除對方的不安感？如何積極地勸說對方？

使對方瞭解造成不安的眞相

——除却不安感的攻心說服術之一

對方產生不安感時，誘導其深思

以研究自卑感而聞名的奧籍心理學家暨精神醫師阿佛烈·阿德勒，自己本身從小卽爲自卑感而苦惱不已，可是，當他將自己的自卑感，作爲研究的資料後，這種自卑感就在他埋首研究中，無形地消失了。

自卑感是起因於過去某種因素，而不安感則是被將來的某種事物所誘發而產生的，雖然兩者之間有此差異，可是，此二者在原因模糊時，很難以掌握，與查明眞相並引出意識面後，這種感覺卽自然地淡薄等方面，則具有共同的特徵。

玆擧一實際例子，說明如後：

曾有人作過這樣的實驗，實驗者假扮成購票的觀衆，詢問排在電影院或棒球場售票處前，一大條長龍中間的購票者。實驗者一個個地問：「你排在這個地方穩當嗎？有沒有把握買到票呢？」可是，很奇妙的是，幾乎所有的答案都是「可能很難吧？」或「可能買不到了！」這個位置雖然不見得很容易買到票，但是，可能買到票的機會却是很濃厚的，然而每個購票者竟然都毫無信心。

實驗者再到隊伍最後面去詢問，結果所得到的，却以「總該沒有問題吧？」或「絕對沒有問題！」等樂觀的答覆居多。也就是說，排在長龍最末端的購票者，其確認無法入場的不安感，油然而生，可是，擁有此種不安感之後，其言語行動却不因已確認這種可能性，而變得頽喪消極，相反地，却產生「說不定……」或「絕對沒有問題……」等積極的態度。

以深層說服術的立場來說，藉著自然的誘導，使被說服者對說服內容擁有的模糊不安感，能明確地把握住其具體形態，且使其超越不安感，而產生積極性，此亦爲攻心說服術之一。

使對方把握住造成不安的眞相，最少有兩種具體的說服術，其一是，拉引出對方感到不安的所有理由，並積極地承認其部份不安的方法；其二是，讓對方能夠明確地區別並加以選擇，交錯於不安感中的悲觀的想法和樂觀的展望之方法。這兩種說服術是有所不同的，但都是根據同一個心理學原理，那就是「對比效果」。

分析陷於不安狀態的人，結果發現，有許多都是由於極微小的恐懼擴展到全體，而令人百思不解。譬如，有一個參加大學聯考，不幸名落孫山的考生，經過第一次的挫折之後，竟然萬念俱灰，而不願繼續參加大學夜間聯招，和專科日夜間部聯招等考試。

親友實在不願看他如此頹喪，放棄考試的機會，想讓他奮發起來，可是，因爲這位考生心想：「也許其他的三次考試，還是免不了落榜的命運！」於是害怕失敗的不安感，即盤踞在其心頭，使他完全喪失了鬪志。像這種情形，產生不安感的原因是非常明顯的。

其實，就這位考生的實力而言，大學聯招（日間部）他是絕對無法通過的，因此，落榜也是意料中的事，但是，最後的一次機會，也就是專科夜間部聯招，對他來說，則應是如探囊取物般地容易，當然，考試並不是絕對的，以上只是就其實力來推論的結果。

照此分析看來，這位考生如果繼續奮鬪，當不難考取一所理想的學校，只是，因爲極小部份的「負」已覆蓋了全體，剩下的「正」就失去了影響力，所以他才會一蹶不振，無法東山再起。這時，我們就應該利用「對比效果」的說服術，使對方自己發覺，仍有可以補償的「正」因素存在，使他產生高昂的鬪志。在第四章中談到欲求不滿的問題時，亦曾提過對比效果之法，可是，在前文所提示的，是以更大的不滿和更大的「負」，來作爲對比的方法，而在本文裏，則是以「正」和「負」的材料，作對比以爲提示的方法。

積極的承認對方的某些不安

我們若試圖使對方脫離不安感的籠罩，而接受遊說，那麼，積極地承認對方的某些不安，也是一種方法，因爲這樣，能使對方的不安感，急轉直下，變爲期待和希望。

現在，我們再舉本章一開始所談到的例子來說明。如果，上司想要遊說部屬使其接受調職，那麼，只要誠懇地說：「的確，當你調動之後，會比現在的環境差些！」如此積極地承認對方所具有的一部份不安，但是，切忌如筆者那位朋友一樣，不斷地向對方進擊，那反易形成其致命傷。

當我們承認對方的一部份不安之後，就會產生「對比效果」了，換言之，也就是「相對的也會有某種好處」的論理開始發生作用。這時，部屬卽會想到：「或許調職也不賴，將來調回總公司時，必能獲益匪淺，說不定可以當科長什麼的，何況，鄉下的空氣也比都市清新，食物也新鮮美味多啦……」於是，他的心卽慢慢地向著消除所有不安感的方向移動。

因爲，藉著承認對方的一部份不安，與其他的不安比較的結果，似乎其他的事情再也沒有想像中那樣嚴重了，而且，這些不安的總和不但能因此減輕，還可能轉變爲美好的期望，如此一來

說服有不安感的對象時，需誘導其選擇悲觀或樂觀的展望。

，說服工作可謂大功告成了。

可是，當對方所抱持的不安感過於强烈，則會以「不行」的相反觀念，來控制「接受說服也無妨」的觀念，並强烈地抑壓對方未來積極奮鬪的意欲，這時，縱然只承認對方的一部份不安，並不一定會產生「對比效果」。故當我們遇到此種情形時，卽需巧妙地誘導話題，使「對比」更爲積極、明顯；簡單地說，卽是讓對方能明確地判斷、選擇，交錯在其內心的「無妨」和「不行」兩個極端的觀念。

譬如，你是一個落榜生的父親或母親，當孩子遭受到失敗的挫折時，雖然「不管如何，一定要拼命過關」的念頭，不斷地提醒他奮發，可是，另一股怕重考又遭遇失敗的不安感，却强烈地擊倒了他，這種奮發的念頭，反而受到「保存自我之欲求」的反駁，而產生了相反的「不做也罷」的反應，因此，無論如何總是提不起勁來。

這時，你必須針對孩子認爲「不行」的因素，以樂觀的態度，做個個擊破的說服術，如此才能對症下藥。在反覆的交談中，孩子會逐漸地發覺，仍有不少對自己有利的條件，前途並不見得如自己所想像的那麼灰暗。

也就是說，當孩子的心理處於充滿「負」的狀態時，則以相等的「正」因素，從側面來擊破，使兩者得以平衡，這麼一來，就可將悲觀的成分，從孩子的心中趕出，然後反覆地以樂觀的因素激勵他，使其重新燃起希望。

不但目前如此，就是將來孩子心中再度產生不安感時，他也會自動想辦法去化解這種莫名的不安，使心理獲得安定。這種「對比效果」的說服術，卽是利用正面與負面的對比，激發對方重新奮起的意志。

好幾年前，我正爲膽結石所苦時，因爲固執而一直不願接受開刀，結果也是被這種說服術所屈服，才答應開刀，而脫離了病魔的糾纏。

膽結石這種病雖然疼痛異常，但是，只要咬緊牙關忍耐，對於生命倒沒有直接的威脅，所以，我才堅決地不肯開刀。醫師看到我這種情形，知道若不施點手段，頑石是不會點頭的，於是跑來跟我說：「你現在只是膽結石，雖然目前對生命並沒有威脅，但是，如果放任不管，不久就會影響到肝臟和胰臟，那時事情就難辦了。要是你肯接受一次簡單的手術，以後你想吃什麼，就可吃什麼，而且也可放心地去打高爾夫球啦！」

經過這一番勸說之後，鬱積於心中的不安感，由於受到這種對比中有利面的引誘，終於頓然消失了。

本則實例

1只要積極地承認對方部份的不安，那麼，伴隨說服而來的不安感，也會轉化為有利的說服材料。

2對方因心中不安而拒絕被說服時，需誘使對方得以明確地選擇，悲觀的預測與樂觀的展望。

使隱伏的說服內容具體化

——消除不安感的攻心說服術之二

暗示對方不安感原是不足為道

當我們試圖進行說服工作時，爲了讓對方留下强烈的印象，往往會誇大其辭。譬如，父母碰到自己的孩子不聽話時，常會以「再不乖，就把你賣掉」，來威脅孩子，這種威脅在說服術的立場來說，是否有效呢？

美國心理學家加尼斯和費修巴克，曾作如下的實驗：他們將一群高中生分爲A、B、C三組，分別講述保護牙齒的方法。他們首先讓A組觀看，足以引起强烈恐懼感的牙齒生態圖；再讓B組觀看會引起中程度恐懼感的圖片；最後讓C組看幾乎不會引起恐懼感的圖片。然後，再調查將演講時所說明的牙齒保護法，付諸實行的比率，以及一星期後，受到反宣傳影響的程度。

根據此一實驗，觀看幾乎不會引起恐懼感的圖片的C組，比接受强烈恐懼感威脅的A組，較認眞地實行牙齒保護法，並且被反宣傳所迷惑的程度也較低。由這種結果可以看出，增强對方恐懼感的威脅說服法，雖然一時會留下深刻的印象，但是，這種方法不僅效果小，印象的持續時間也很短暫。

有一次，某駕駛訓練班讓學員觀看車禍現場的影片，旨在强調遵守交通規則的重要性，可是，學員們受到了如此强烈的刺激後，反而產生保存自我意欲的行動，心理失去平衡，而陷於强烈的不安狀態。由此可知，當對方已有不安感時，威脅方式的說服法，徒然增强對方的心理防禦而

說服有不安感的對象時，使隱伏的說服內容具體化，則可產生效果。

已，根本無濟於事。

譬如，孩子張著嘴大哭，不願到醫院去看病，這時，媽媽如果恐嚇他：「你再哭，醫生就要用很粗的針扎你的屁股了。」以這類的話來威脅孩子，只會增加其不安感，而以更強硬的態度來拒絕。因此，在這種情形下，媽媽應該慈愛地告訴孩子：「你可以帶一本圖畫書去，跟媽媽一起看。」這樣來遊說他，雖然孩子實際上還是拒絕了，但是，由於媽媽的暗示，到醫院的有利面就會被强調出來，因此，孩子仍是會乖乖地到醫院去的。

這種說服術不僅適用於孩子，當對方產生不安感時，運用此法亦可奏效。譬如，知道對方陷於不安的狀態時，必須避免直接觸及造成不安感的問題，而談些周遭的事情，然後在交談中暗示對方，當使其產生不安感的問題發生時，該如何應對？爲了避免不安感的增强，亦可暗示他，其所持有的不安感，事實上並不若想像的那樣嚴重，只是無足輕重的瑣碎罷了。

以裝扮來冲淡不安感

有一種「拒絕上學兒」，每次在上學之前，都會喊頭痛或肚子痛，要向學校請假，但是，假請準之後，這些病痛就不藥而癒了，這是因爲孩子無法適應環境，而產生不安感所致的心理症狀，這種情形如果嚴重時，就會成爲一種强迫觀念，如「對人恐怖症」或「外出恐怖症」等神經症狀。

這些症狀往往在事過境遷，也就是經過眞正的體驗之後，就會完全消失了，同樣地，有不安感的人也會發生類似的情形。不過，對於以不安感來抗拒說服的人，有時，告訴對方只要體驗後，即可知道根本不會發生任何問題，却是行不通的。

因爲，人類是最容易接受暗示的動物，所以，在深層說服術裏，就要利用人類强烈的被暗示性，運用心理學的原則，像心理劇一樣，使一個人能像其所扮演的角色去行動，讓自己暗示自己，自然地表現該有的態度。

最近企業組織逐漸地龐大，成員亦不斷地增加，然而主要的幹部有限，所以，無法獲得升遷機會的普通職員特別多。爲了解決這個問題，許多公司就設置一些副××、×××顧問、××專員等，以前很少聽過的職位，以滿足人們的需要。從另一個觀點來看，這也是一招絕妙的說服術。因爲，許多職員看到幹部的名額有限，升遷的機會過於渺小，唯恐以小職員終其一生的不安感，遂如春生的野草，迅速蔓延，終致失去鬪志。如果，讓一些能力稍强的小職員，掛上副課長、或某某課專員等頭銜，使他們的不安感隨著新頭銜的產生而消失，讓他們以適於新職位的態度來行動，換取其工作意欲。

本則實例

1.當對方產生不安感時，威脅方式的說服法，會招致反效果。

2.因有不安感而不應允被說服時，需暗示對方，只要使其產生不安感的狀況出現後，其不安感必會自然消失。

3.為了不安感而頹喪、消極、失去鬪志時，應使對方以一適當的身份去行動，就能產生積極的態度。

不明示所有的說服內容

——消除不安感的攻心說服術之三

不使對方過份知悉說服內容的效用

一般人爲獲得對方的首肯，常將說服內容的細節，一字不漏地詳加解釋，可是，前文亦曾說過，有時候若過分知悉事情的內容，反而會增强不安感，所以，本來是極爲誠意的遊說，却招致反效果的例子也不少。

相反地，如果我們利用這種現象，一開始卽不明示說服內容的全貌，這麼一來，對於具有不安感的人來說，反而可能使說服工作順利進行。爲達到此一目的，有以下兩種說服法，一是將內容「細分化」，另一則是「抽象化」。

所謂「細分化」是，並不立卽向對方提示所有的要求，而是先從意圖使對方答應的小要求開始進擊，然後逐步提及所有的要求，亦即蠶食而後鯨吞之法。譬如，對於一個需長年住院治療的病人來說，這種情形必造成極大的不安，也會使之胡思亂想，以為已生活在人間的地獄裏。因此，這個時候，醫生雖然明知需一年的治療時間，也不會向患者明示「是需要一年的住院時間」。

此刻，深層說服術中的「對比效果」，或「暗示效果」也無法奏效了，所以，醫師們常用的說服法是，「只要三個月，差不多就可治癒了」，如此將治療時間「細分化」，即可減輕病患的不安感。

如此將說服內容細分化來提示的效果，根據實驗曾獲得證明，譬如，「心的三稜鏡」一書，曾介紹一個實驗，那就是以住在新社區的一百六十五個主婦，為消費研究的調查對象，向她們作有關清涼飲料一百五十題的問卷調查時，第一組調查對象乍看問卷密密麻麻的列有一百五十條題目，許多人都紛紛打退堂鼓，只有百分之四十五的人，答應接受調查。

然而，卻對第二組調查對象，提出五項問答，並請她們在廚房裏張貼一張「明辨商標與商品內容」的宣傳單，結果，有百分之八十五的人回答了那五個題目，有百分之八十四的人依指示貼了傳單。經過一個星期後，調查員繼小要求（五個問題）之後，又向第二組主婦提出大要求，也就是請她們作有一百五十個問題的問卷調查，結果有百分之七十五的主婦答應此項要求。

這種將說服內容細分化、從小要求去提示的方法，是對於說服全體以產生效力的方法之一，尤其對方是抱有不安感的人，因可使他維持「不明究竟」的堅强地位，故極爲有效。

不詳釋說服內容

當我們試圖說服對方時，爲了不使對方過分瞭解說服內容，而故意含糊其詞，也是方法之一。譬如，上司向部屬交待一項雖然不急，但却相當困難的工作時，如果說：「請你全力以赴，擬定出公司今後的營業方針，並將此企劃書濃縮成一份五頁的報告，一個月後交給我！」接到這種命令的部屬，也許頓時都儍住了，等他神智恢復時，就會陷於强烈的不安，這份艱鉅的工作，自己是否能夠勝任呢？這個念頭將伴隨他至完成此項工作，才會消失。

可是，上司如果換了另一種口氣說：「只要花三、四個星期的時間就可以，請你擬定一份公司營業方針的企劃書吧！」這麼一來，雖然工作內容不變，但是，心理壓力驟減，不安感也就減輕了。

當對方接到這項含糊其詞的指示時，雖然在他內心裏，多少會產生對於不明事物的不安，可是，對方爲了解釋這種不安，在摸索模糊的過程中，會以自己的想法和行動方式，投影至未明的事物中，這好比是人看到一個圓有缺口時，就想去塡補的「閉鎖原則」的心理，人們會以自己的特殊方式，去完成一份圓滿的工作。

讓對方經過深思熟慮之後，隨著變化而來的，造成不安的原動力，已經轉爲知性的關心了，然而這種知性的關心，則是需要冷靜和某種程度的論理性。這時，我們卽可認爲，不安感已從對方的心中遁形了。

雖然這個方法是誘導對方自尋解決之道，化不安爲工作的動力，但也不可放任，因爲一旦放任不管，萬一對方曲解說服者的本意，就可能無法達到說服者的最初目的了。所以，一方面讓對方自我發揮，另一方面則由說服者加上適當的指示，很自然地誘導對方被說服。

無論如何，故意不將說服內容解釋淸楚，而留給對方自行解釋的說服法；如此，一面消除對方的不安感，另一面進行說服，故能獲得極大的效果。

本則實例

1. 若過於詳釋說服內容，祇是徒增對方的不安而已。
2. 對方有不安感時，需將說服內容「細分化」，從小要求開始着手，然後擴展為大要求。
3. 對方因不安感而拒絕被說服時，需故意含糊其詞，讓對方自行解釋。

第八章　怎樣使人相信你

如何察覺阻礙説服的疑念

當你企圖説服對方時，曾否遭遇到下列的拒絶態度？

※對方極為注意人際關係的基本原則，如「遵守諾言嗎？」、「能夠保密嗎？」。

※過份重視雞毛蒜皮的小事。

※話中帶刺，或故意鑽牛角尖來反問你提出的問題。

※具有欲透視他人心理的銳利眼神。

※交談時，對方表現得極為冷淡，甚至不答腔。

懷有猜疑心時會突然拒絕工作

有一次，我受某公司負責人的重託，代他與某學者A先生接洽，禮聘A先生至該公司工作。起初工作似乎頗爲順利地進行，可是，有一天，該公司的負責人憂心忡忡地打電話給我，以百思不解口氣告訴我，A先生的態度竟有了一百八十度的大轉變，本來是非常負責地在工作，却突然撒手說不幹了？公司雖然想盡各種辦法來慰留他，但是，A先生却無動於衷。

聽到負責人這一席話，身爲介紹人的我，無論如何總要從中斡旋一番，以示負責。於是，我和負責人連夜趕去拜訪A先生。當我見到A先生，在談論此一問題時，發覺他竟然牢騷滿腹，譬如，他懷疑公司是否眞會履行某些承諾？他也很不滿意公司裏的職員，總覺得與他們格格不入，缺乏禮貌……等。

看到他那氣憤、不安的神情，我認爲實在無法勸服他了，於是打消了當和事佬的念頭，打道回府。在歸途中，我告訴該公司的負責人：「我不知道是什麼原因，使得A先生疑心重重？可能是不經意的小事吧？爲了消除他的猜疑心，應儘早向對方表示誠意和熱情，但需閉口不提工作上的問題，才可能使他的武裝瓦解。」

第二天早晨，負責人打電話來，很愉快地說：「嘿！他答應繼續爲本公司效力了！」原來，他昨天晚上聽了我的分析，與我分手後，又開車到A先生的住處，猶如守株待兔般地等候A先生出門。負責人心裏忐忑不安，擔心A先生不願搭他的便車到火車站去，因爲，A先生是否肯搭他的車，即是遊說成功與否的關鍵。

天剛破曉時，A先生穿戴整齊，打算到火車站去搭火車，作爲期一週的旅行，好解悶消氣，當他打開大門時，發覺負責人滿臉誠懇地站在門口，似乎已等候多時了，在這刹那間，一切的疑雲好像煙消霧散，化爲朗朗乾坤了。

我想，大多數人都有遊說被拒絕、或建議被駁回的經驗吧？當你完全找不到對方拒絕的原因時，就應仔細觀察對方的言語行動，是否屬於前述的某一種態度？如果答案是肯定的，我們就必須假設：在對方的內心深處，是否存有強烈的疑念呢？上述A先生頑固的態度，是由於猜疑心所致，同時也是具有猜疑心的人，表現於言行中的共同特徵。

懷疑使人不易接近

不信任他人的人，因猜疑心重，常將在彼此擁有信賴感的人際關係中，能心照不宣的事，視爲一大問題。譬如，遵守諾言、保密、互相尊重人格等，人際關係間極爲基本的信念，却要一再地重新確認；又如彼此相互信賴的人們，可以付諸一笑的小瑕疵，也要追根究底。

如果，對方具有耽心別人出賣自己的不安感，那麼，在各種場合都會表現出拒絕別人親近的態度、說話時不是句句帶刺，就是喜歡雞蛋裏挑骨頭……等，這些都只是初期的症狀；不過，如果對方的猜疑心深重，或對說服者敢怒不敢言，或者是對方認爲反駁也無濟於事時，就會表現出與上述完全相反的態度，也就是相應不理。

當對方有此反應時，必採斜坐的姿勢，也就是所謂「逃避」的態度，雖然對方一言不發，但却冷眼旁觀，心裏一直想窺知別人細微的心理變化，因此，視線卽會變得銳利而不柔和，換句話說，其眼神雖是看著旁邊，可是，却常瞟向說服者，意圖窺察別人的動靜。

上述A先生所表現的各種言行，例如因耽心公司不遵守工作上的承諾，而惶恐不安、批評同事的舉動、發莫名其妙的牢騷……等，都是猜疑心重者特徵。

當你發覺對方產生疑念時，如果，不巧妙地運用足以對付此種疑念所帶來的心理學特性的說服術，反會令對方加强心理上的藩籬，而弄巧成拙。現在，我們來談談，這種猜疑心是如何產生的？如何擴充的？我們又該如何針對此種心理構造，來進行說服工作？

消除彼此對事物認識的程度之差距

——消除猜疑心的攻心說服術之一

需告訴對方已知的事物

通常猜疑心的產生，是基於事物的認識不夠，譬如，世界政治或經濟的舞台上，究竟在進行些什麼？因爲，一般的人們均處於不聞不問的狀態下，對於國際情勢當然無法深入地瞭解，所以才會產生猜疑心，不信任之念頭一旦產生，就不易連根拔除了。

最近，政治非常民主，有些市長都將自己的辦公室開放給民衆，民衆皆可登堂入室，與市長促膝商談市政；民衆擧辦各種活動時，政府官員也都欣然參加，彼此打成一片，這樣，政府與民衆之間自然就能互相信賴。

的確，當我們瞭解對方的底細之後，就難以產生毫無理由的懷疑了，如果，自己的底牌被摸得一清二楚，竟然還使對方產生猜疑心的話，那麼，自己就得自我反省一番，是否自己不夠坦誠，否則怎麼不能與對方建立互信互賴的關係呢？這也可說是個人自作自受的結果。

不過，很多時候，猜疑心皆因說服者沒有供給對方充分的資料，或對方誤以爲說服者有所隱瞞而產生的。由於對方資料不足，他當然會小心翼翼地預防各種不利於己的情況發生。這種心理狀態若放任不管，也不想辦法消除，只一味地想遊說對方，對方當然會以爲說服者是利用他的無知，進行某件不利於己的事情，而產生懷疑。

關於此一問題，必須注意下列兩點：一是說服者認爲對方理所當然知道的資料，也不可因對方沒有提出疑問，而不主動加以說明，這是行不通的。因爲，資料不足的對方，其所以沒有提出質詢，其理由有二：第一，他根本不知道自己缺乏何種資料，也就是說，因其能夠抓住事情要點的資料不足，自己無法確知所缺乏的資料；第二，因爲他不瞭解事情的來龍去脈，也不清楚各部份的細節，唯恐別人看穿自己的無知，所以多不願自動詢問。

因此，若要消除或防止自己與對方之間，因資料量的差距過大而產生的猜疑心，那麼，有關「對方當然早就知道的事」，也應加以說明，切忌隻字不提，或一筆帶過，使對方如墜五里霧中，以致更加地惶恐不安。曾經有過這麼一個令人哭笑不得的實例：有位妻子認爲，婆婆理所當然早就知道丈夫昇遷的好消息，因此，並沒有特地告訴婆婆這件事，婆婆事後獲悉此一消息，怒不可遏，以爲媳婦不把她放在眼裏，簡直是大逆不道，也不聽取媳婦的解釋，結果，竟鬧至對薄公堂，造成不可收拾的殘局。

另一點需要注意的是，當說服者欲提供資料給對方時，如果資料是屬於說服者單方面所有，則必須小心謹愼，很自然地誘導對方如何確定資料的可靠性，以免弄巧成拙，徒增對方的猜疑。譬如，以「有關這件事的本末，你去問××，就可瞭解了」的方式來提示，或以在「自尊心」一章所敍述的，同時提供不利資料的「兩面說服法」，皆可消除對方所存有的猜疑心。

不辯解，僅告知事實以消除猜疑心

使對方的猜疑心加强，並使其成爲牢不可破的另一原因是，摻雜在這種資料不足狀態中的「錯誤資料」。處於資料不足狀態中的對方，有時爲了想親自獲取必須的資料，對於有關的資料就特別地敏感，或者想從不太可靠的「萬事通」之處，取得有關的情報，結果，反而對大有疑問的資料，深信不疑，因此，誤會了說服者所表現的態度或言語，於是更加深了懷疑。

產生猜疑心的原因，不僅由於彼此對事物認識的程度之差距所致，甚至連資料也都變質了，所以使得事態更趨嚴重。因此，我們如果想防止此種情形的發生，一開始即需將自己所知曉的資料，完全透露給對方，使他瞭解你是誠意去遊說他的。

有一對情侶因細故分手了，男孩子再三反省之後，終於找出兩人分手的癥結；原來，兩人交往時，男孩子一直很少在女朋友面前，提及自己的家庭、工作情況、或將來的計劃等，由於彼此沒有充分地瞭解，所以心靈無法溝通，精神也不能合一。當男孩知悉造成感情破裂的眞相時，就及時設法彌補，而挽回一段純眞的感情。

那就是，由男孩主動將有關自己的一切資料，坦誠地透露給對方，當對方獲悉一切後，就和好如初了。這種說服法比起「我們和好吧！」或「我們恢復感情吧！」這類的說服方式，高明多

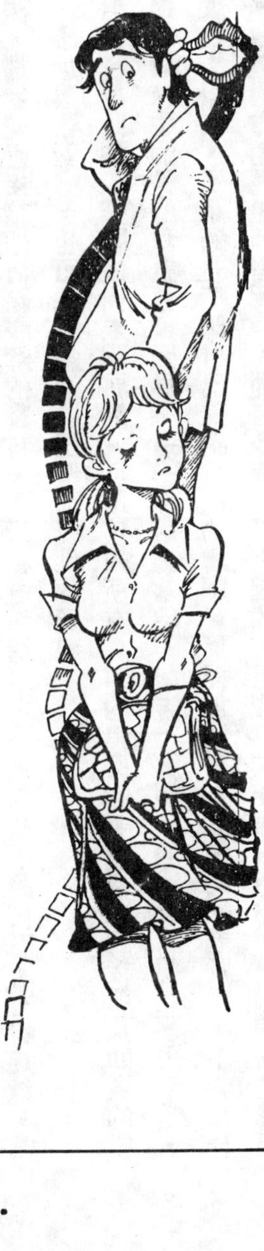

資料不足是增進猜疑心的催化劑。

了。

如果，女孩是因男朋友有所隱瞞，而產生懷疑，才造成感情破裂，那麼，還有一個解決問題的辦法，那就是直接給她消除誤解的資料，不過在這種情形之下，男孩子將自己所有的資料，都一五一十地稟告對方，也可說是爲消除誤解而提供的資料。

但是，彼此的人際關係尚未發展到，可以透露所有資料的程度時，則很難直接觸及問題的核心，這時最棘手的是解釋誤會，因爲，這一種舉動常給予對方「解釋」的感覺，要是運用不當，就會使對方以爲，這不過是掩飾自己錯誤行爲的辯解，反而加深對方的懷疑。老實說，不管說什麼，都會被對方認爲是「辯解」，那有多洩氣呀！因此，這時與其作語言辯論，倒不如捨棄說服的意圖，專心於「提供資料」。

換句話說，我們不要指責對方的誤解，而以虔誠的心情，向對方報告事實的全部，無論對方作何種結論，我們都要表示心服口服，並客觀地將造成誤解的所有資料，提供給對方。如果，對方是一個值得你說服的人物，那他必能在這些資料中，發現出足以消除誤會的資料，回復彼此原來的信賴關係。

本則實例

1.雖然是對方早就應該知曉的事情，為慎重起見，在說服工作進行時，亦需加以說明。

2.自然地透露，使對方能夠自行確定探尋資料來源的路線。

3.雖與說服內容無直接關係，但也應將自己的生平和抱負等，有關自己的資料和盤托出。

4.為了不使話題像「辯解」，需告訴對方，最低限度應讓自己有敘述事實的機會。

暫時與對方站在同一線上

——消除猜疑心的攻心說服術之二

暫時放棄說服同化於對方的「生活步調」

一般說來，深層說服術有個不變的原則，那就是「以言詞勝過對方」的說服方式，實質上是無法奏效的，尤其是對方不信任你的時候，此一方法更是行不通。當時對方也許不作任何表示，或一言不發，然而到了最後，不是拒絕被說服，就是完全無視說服者的存在。所謂說服，不僅是讓對方能充分理解自己的想法，還要令對方付諸行動，這樣才算是成功的說服。

我們試圖說服的對象，若是一個具有強烈猜疑心的人，就應令其運用自己的頭腦，作自主的判斷，因此，說服者若是想以論理的方法，去遊說對方，對方反而會產生「我是否會吃虧上當？」「那有這種好事？會不會有不良企圖？」等疑念，所以，此時說服者應放棄論理式的說服法，改從造成對方產生懷疑的因素，作側面的攻擊。

爲達到此一目的，有個原則上的辦法，那就是暫時放棄說服對方的意圖，與對方站在同一線上，同化於對方的「生活步調」，當然，最後的目的，仍在於使對方不知不覺地，同意說服者所提出的說服內容，並將他引進說服者的「模式」，產生說服者所意圖的意志。可是，還有一個先決條件，那卽是，需讓對方以爲，一切事情都正按照他的意志進行著，尤其對方是個具有猜疑心的人時。

本章一開始所介紹的故事，予我們一個很重要的啟示：A先生因對該公司不信任，因此不願繼續爲該公司效力，該公司的負責人則暫時放棄直接的說服法，候立於A先生家門口，默默開車送A先生到火車站。這種等候的行動中，促使A先生接受說服的關鍵是，暫時放棄其直接目的──說服對方繼續工作，而順應對方的個人生活方式，因此才打消他的疑念的。

再說，對於說服內容或說服者本身，開始產生猜疑心的被說服者，我們必須以遠離說服內容、更富人情味的一面，和非正式上的人際關係，使對方不意識自己被說服，而保持自己的生活步調。

譬如說：「我瞭解了！我不敢請你答應我什麼，我想，你一定感到很累，我也很疲倦啦！就讓我們把這件事情忘掉，一起去喝幾杯，再回家吧！」然後，把對方像嬰兒般地哄至酒店，繼續東西南北地聊個不停，在這期間，對方原是堅持拒絕的態度，就會逐漸軟化了。

利用對方所提出的無理難題

前文曾經提到，對方若是個猜疑心重的人，我們必須暫時放棄說服對方的意圖，和對方站在同一立場，因此，說服地點的選擇也就成爲重要的因素了，至少，我們不能忽視對方的意思，自己擅自指定約會的地點，不如說：「我什麼地方都可以，就請你指定一個你方便的地方，我去拜訪你吧！」這樣讓對方決定會面的地點，對於後來的說服工作，比較能順利的推展。

在每個人的心理上，都潛伏著「勢力範圍」的意識，如果，對方覺得好像在自己家裏一樣，無拘無束，就易於擁有採取自己的步調，以進行各種事情的滿足感。對於具有猜疑心的人，暫時同化於其生活方式，也是消除疑念的有效方法之一，這樣，對方便可以確認，說服者果眞有順從自己的意向，以進行交談的心意，如此必可維護彼此的信賴關係。

在這種情形之下，說服者在言談中，應經常引用對方的話語和觀點，如此亦可幫助對方自覺出自己的步調，也知道說服者不僅在空間的環境上，就是言語、思考方法等無形的環境上，也相當尊重其生活方式，這對消除猜疑心有極大的助益。

如果在這種約會上，對方仍然採取强硬的態度，向你提出無理的難題，那該怎麼辦呢？其實，這才是順應對方的步調，以恢復彼此信賴關係的大好機會。你可暫時答道：「我將盡我最大的努力去做！」當然，你得盡全力的去應付此一難題，並將結果向對方稟報。因爲對方知道自己所提出的問題，本是個强人所難的問題，當然不可能有很理想的解決方法，所以縱使你的結果並不盡如意，對方也會被你的誠意所感動，而化解疑忌。

本則實例

1. 暫時脫離說服內容，由人情味的側面，以非正式的人際關係攻擊對方。
2. 選擇能使對方免除拘束之處，以進行遊說。
3. 說服者的言談之中，應頻頻採用對方的言語和構想。
4. 認真地接受並執行對方所提出的無理難題。

把握表示誠意的機會

——消除猜疑心的攻心說服術之三

對方甫產生猜疑心時，應立卽表示自己的誠意

許多根深蒂固的猜疑心，常起因於微不足道的小事。當疑念剛萌芽之時，若不立卽斬草除根而任其發展，那麼，今後在各方面，就會選擇徒增疑心的資料，而使猜疑的嫩芽逐漸茁壯。就一般人來說，每一種行動都擁有許多面，有「正」就有「負」，因此，一旦猜疑心萌芽，就只會斤斤計較他人的瑕疵，而完全忽略好的一面。

換言之，所謂猜疑心卽是這些雞毛蒜皮之事的累積，所造成的多層感情，因此，上述數種消除猜疑心之法，其共同的特色卽是，抽絲剝繭般地去掉一層又一層的疑念。如果說，使最初剛萌芽的猜疑心，得以茁壯成長的是「負」的養分，那麼，足以阻止其成長的「正」的要素，除了「誠

意」之外，再也沒有別的啦！

上述的各種方法，也都是表示誠意的方法，只是「表示誠意」，由猜疑心的成長過程看來，在於如何把握瞬間的機會，卽能發揮莫大的功效。而猜疑心的構造又可大別爲二，一是剛在萌芽成長中的疑念；另一則是已經長成大樹的疑念，這不僅是時間上所造成的差別，而應說是已有堅强結構的猜疑心，和尚未達到此一程度的猜疑心的差別，比較來得貼切，當然，兩者的應對方法是不一樣的。

剛在成長中的疑念，最有效的去除法則是「及早拔除」。以比喻的方法來說，它就像在成長過程中的嫩草，表面仍是非常柔軟，且處於易受外界影響的狀態下，所以，這一個時期的猜疑心，只要以充滿熱情的誠意表示法，卽可獲得出人意料的效果。

本章開始所擧的例子，卽是典型的說服法之一，說服者經過漫漫長夜的守候，竟然絕口不提工作上的問題，只是專誠送A先生抵達火車站，就衝著這一份熱誠的心意，才使得A先生滿腹的疑念化爲烏有。

低盪期間可消除激烈的猜疑心

與上述相反的情形，當對方的疑念已經根深蒂固時，就會表現出漠視說服者的態度。這時，無論是把握瞬間機會的行動，或迅速表現熱誠的舉動，都無法完全除去對方的猜疑心，不過，從反面看來，此刻才更需要可充分刺激人心深層的誠意之表示法。

在這種情形之下，我們必須想到「低盪期間」的效用，話雖是這麼說，但，我們不可誤以爲對方產生懷疑之後，就可將彼此的惡化關係置之不理，只要彼此都是有感情的人，當然不能任事態越趨嚴重，而需想辦法挽救此一危機。如果彼此果眞疏遠了，或說服者根本沒有露面，那麼，不僅無法收到「低盪期間」的效用，反而更增加對方的猜疑，認爲說服者是個不懂禮貌的人。

總而言之，對方的猜疑心若過分强烈，就得暫時放棄說服效果的期待，如果錯誤發生在說服者身上，就更需要一味地低頭認錯啦！要是錯誤並非完全在於說服者一方時，若是對方的情緒過於激動，我們也應表示屈服，俟對方恢復冷靜後，再進行說服工作。

譬如，發生交通事故的調解方法中，有一種最典型的例子，那就是，如果調停人是個深知人心者，即使死傷者需負大半的責任，他也不會立即與死者的遺族辦理交涉，就是甘冒被另一方痛罵之虞，也要先齋戒素服到死者家中弔唁一番，等對方的情緒稍平靜之後，再進行交涉。

不過，情緒平靜並不表示即是猜疑心的消失，然而，調停人這種懇切的交涉態度，必可冲淡對方的疑心。

為恢復彼此的信賴關係，需先表示我方的誠意。

深層說服術是彙集如何有效地傳達說服者的誠意之技巧，前述把握瞬間機會以表示誠意的問題，也是其中一個不容忽視的技術。

本則實例

1.對於剛萌芽的猜疑心，應及早表示我方熱烈的誠意。
2.對於強烈而頑固的疑念，需善用低盪期間。
3.在激烈、頑固的疑念減少之前，需一味地採取劣勢，不可立即進行說服活動。

大展出版社有限公司	圖書目錄
地址：台北市北投區11204 致遠一路二段12巷1號 郵撥： 0166955～1	電話：(02) 8236031 8236033 傳眞：(02) 8272069

•法律專欄連載•電腦編號 58

台大法學院 法律學系／策劃 法律服務社／編著

①別讓您的權利睡著了[1] 200元
②別讓您的權利睡著了[2] 200元

•秘傳占卜系列•電腦編號 14

①手相術	淺野八郎著	150元
②人相術	淺野八郎著	150元
③西洋占星術	淺野八郎著	150元
④中國神奇占卜	淺野八郎著	150元
⑤夢判斷	淺野八郎著	150元
⑥前世、來世占卜	淺野八郎著	150元
⑦法國式血型學	淺野八郎著	150元
⑧靈感、符咒學	淺野八郎著	150元
⑨紙牌占卜學	淺野八郎著	150元
⑩ＥＳＰ超能力占卜	淺野八郎著	150元
⑪猶太數的秘術	淺野八郎著	150元
⑫新心理測驗	淺野八郎著	160元

•趣味心理講座•電腦編號 15

①性格測驗１	探索男與女	淺野八郎著	140元
②性格測驗２	透視人心奧秘	淺野八郎著	140元
③性格測驗３	發現陌生的自己	淺野八郎著	140元
④性格測驗４	發現你的真面目	淺野八郎著	140元
⑤性格測驗５	讓你們吃驚	淺野八郎著	140元
⑥性格測驗６	洞穿心理盲點	淺野八郎著	140元
⑦性格測驗７	探索對方心理	淺野八郎著	140元
⑧性格測驗８	由吃認識自己	淺野八郎著	140元
⑨性格測驗９	戀愛知多少	淺野八郎著	140元

⑩性格測驗10	由裝扮瞭解人心	淺野八郎著	140元
⑪性格測驗11	敲開內心玄機	淺野八郎著	140元
⑫性格測驗12	透視你的未來	淺野八郎著	140元
⑬血型與你的一生		淺野八郎著	140元
⑭趣味推理遊戲		淺野八郎著	140元

・婦 幼 天 地・電腦編號16

①八萬人減肥成果	黃靜香譯	150元
②三分鐘減肥體操	楊鴻儒譯	150元
③窈窕淑女美髮秘訣	柯素娥譯	130元
④使妳更迷人	成　玉譯	130元
⑤女性的更年期	官舒妍編譯	160元
⑥胎內育兒法	李玉瓊編譯	150元
⑦早產兒袋鼠式護理	唐岱蘭譯	200元
⑧初次懷孕與生產	婦幼天地編譯組	180元
⑨初次育兒12個月	婦幼天地編譯組	180元
⑩斷乳食與幼兒食	婦幼天地編譯組	180元
⑪培養幼兒能力與性向	婦幼天地編譯組	180元
⑫培養幼兒創造力的玩具與遊戲	婦幼天地編譯組	180元
⑬幼兒的症狀與疾病	婦幼天地編譯組	180元
⑭腿部苗條健美法	婦幼天地編譯組	150元
⑮女性腰痛別忽視	婦幼天地編譯組	150元
⑯舒展身心體操術	李玉瓊編譯	130元
⑰三分鐘臉部體操	趙薇妮著	160元
⑱生動的笑容表情術	趙薇妮著	160元
⑲心曠神怡減肥法	川津祐介著	130元
⑳內衣使妳更美麗	陳玄茹譯	130元
㉑瑜伽美姿美容	黃靜香編著	150元
㉒高雅女性裝扮學	陳珮玲譯	180元
㉓蠶糞肌膚美顏法	坂梨秀子著	160元
㉔認識妳的身體	李玉瓊譯	160元
㉕產後恢復苗條體態	居理安・芙萊喬著	200元
㉖正確護髮美容法	山崎伊久江著	180元

・青 春 天 地・電腦編號17

①A血型與星座	柯素娥編譯	120元
②B血型與星座	柯素娥編譯	120元
③O血型與星座	柯素娥編譯	120元
④AB血型與星座	柯素娥編譯	120元

⑤青春期性教室	呂貴嵐編譯	130元
⑥事半功倍讀書法	王毅希編譯	150元
⑦難解數學破題	宋釗宜編譯	130元
⑧速算解題技巧	宋釗宜編譯	130元
⑨小論文寫作秘訣	林顯茂編譯	120元
⑪中學生野外遊戲	熊谷康編著	120元
⑫恐怖極短篇	柯素娥編譯	130元
⑬恐怖夜話	小毛驢編譯	130元
⑭恐怖幽默短篇	小毛驢編譯	120元
⑮黑色幽默短篇	小毛驢編譯	120元
⑯靈異怪談	小毛驢編譯	130元
⑰錯覺遊戲	小毛驢編譯	130元
⑱整人遊戲	小毛驢編譯	120元
⑲有趣的超常識	柯素娥編譯	130元
⑳哦！原來如此	林慶旺編譯	130元
㉑趣味競賽100種	劉名揚編譯	120元
㉒數學謎題入門	宋釗宜編譯	150元
㉓數學謎題解析	宋釗宜編譯	150元
㉔透視男女心理	林慶旺編譯	120元
㉕少女情懷的自白	李桂蘭編譯	120元
㉖由兄弟姊妹看命運	李玉瓊編譯	130元
㉗趣味的科學魔術	林慶旺編譯	150元
㉘趣味的心理實驗室	李燕玲編譯	150元
㉙愛與性心理測驗	小毛驢編譯	130元
㉚刑案推理解謎	小毛驢編譯	130元
㉛偵探常識推理	小毛驢編譯	130元
㉜偵探常識解謎	小毛驢編譯	130元
㉝偵探推理遊戲	小毛驢編譯	130元
㉞趣味的超魔術	廖玉山編著	150元
㉟趣味的珍奇發明	柯素娥編著	150元
㊱登山用具與技巧	陳瑞菊編著	150元

•健康天地•電腦編號18

①壓力的預防與治療	柯素娥編譯	130元
②超科學氣的魔力	柯素娥編譯	130元
③尿療法治病的神奇	中尾良一著	130元
④鐵證如山的尿療法奇蹟	廖玉山譯	120元
⑤一日斷食健康法	葉慈容編譯	120元
⑥胃部強健法	陳炳崑譯	120元
⑦癌症早期檢查法	廖松濤譯	130元

⑧老人痴呆症防止法	柯素娥編譯	130元
⑨松葉汁健康飲料	陳麗芬編譯	130元
⑩揉肚臍健康法	永井秋夫著	150元
⑪過勞死、猝死的預防	卓秀貞編譯	130元
⑫高血壓治療與飲食	藤山順豐著	150元
⑬老人看護指南	柯素娥編譯	150元
⑭美容外科淺談	楊啟宏著	150元
⑮美容外科新境界	楊啟宏著	150元
⑯鹽是天然的醫生	西英司郎著	140元
⑰年輕十歲不是夢	梁瑞麟譯	200元
⑱茶料理治百病	桑野和民著	180元
⑲綠茶治病寶典	桑野和民著	150元
⑳杜仲茶養顏減肥法	西田博著	150元
㉑蜂膠驚人療效	瀨長良三郎著	150元
㉒蜂膠治百病	瀨長良三郎著	150元
㉓醫藥與生活	鄭炳全著	160元
㉔鈣長生寶典	落合敏著	180元
㉕大蒜長生寶典	木下繁太郎著	160元
㉖居家自我健康檢查	石川恭三著	160元
㉗永恒的健康人生	李秀鈴譯	200元
㉘大豆卵磷脂長生寶典	劉雪卿譯	150元
㉙芳香療法	梁艾琳譯	160元
㉚醋長生寶典	柯素娥譯	元

・實用女性學講座・電腦編號 19

①解讀女性內心世界	島田一男著	150元
②塑造成熟的女性	島田一男著	150元
③女性整體裝扮學	黃靜香編著	180元
④職業婦女禮儀	黃靜香編著	180元

・校 園 系 列・電腦編號 20

①讀書集中術	多湖輝著	150元
②應考的訣竅	多湖輝著	150元
③輕鬆讀書贏得聯考	多湖輝著	150元
④讀書記憶秘訣	多湖輝著	150元
⑤視力恢復！超速讀術	江錦雲譯	180元

•實用心理學講座• 電腦編號 21

①拆穿欺騙伎倆	多湖輝著	140元
②創造好構想	多湖輝著	140元
③面對面心理術	多湖輝著	140元
④偽裝心理術	多湖輝著	140元
⑤透視人性弱點	多湖輝著	140元
⑥自我表現術	多湖輝著	150元
⑦不可思議的人性心理	多湖輝著	150元
⑧催眠術入門	多湖輝著	150元
⑨責罵部屬的藝術	多湖輝著	150元
⑩精神力	多湖輝著	150元
⑪厚黑說服術	多湖輝著	150元
⑫集中力	多湖輝著	150元
⑬構想力	多湖輝著	150元
⑭深層心理術	多湖輝著	160元
⑮深層語言術	多湖輝著	160元
⑯深層說服術	多湖輝著	180元
⑰潛在心理術	多湖輝著	160元

•超現實心理講座• 電腦編號 22

①超意識覺醒法	詹蔚芬編譯	130元
②護摩秘法與人生	劉名揚編譯	130元
③秘法！超級仙術入門	陸　明譯	150元
④給地球人的訊息	柯素娥編著	150元
⑤密教的神通力	劉名揚編著	130元
⑥神秘奇妙的世界	平川陽一著	180元
⑦地球文明的超革命	吳秋嬌譯	200元
⑧力量石的秘密	吳秋嬌譯	180元

•養 生 保 健• 電腦編號 23

①醫療養生氣功	黃孝寬著	250元
②中國氣功圖譜	余功保著	230元
③少林醫療氣功精粹	井玉蘭著	250元
④龍形實用氣功	吳大才等著	220元
⑤魚戲增視強身氣功	宮　嬰著	220元
⑥嚴新氣功	前新培金著	250元
⑦道家玄牝氣功	張　章著	180元

⑧仙家秘傳袪病功　李遠國著　160元
⑨少林十大健身功　秦慶豐著　180元
⑩中國自控氣功　張明武著　250元
⑪醫療防癌氣功　黃孝寬著　220元
⑫醫療強身氣功　黃孝寬著　220元
⑬醫療點穴氣功　黃孝寬著　220元

•社會人智囊•電腦編號24

①糾紛談判術　清水增三著　160元
②創造關鍵術　淺野八郎著　150元
③觀人術　淺野八郎著　180元
④應急詭辯術　廖英迪編著　160元
⑤天才家學習術　木原武一著　160元
⑥猫型狗式鑑人術　淺野八郎著　180元
⑦逆轉運掌握術　淺野八郎著　180元

•精 選 系 列•電腦編號25

①毛澤東與鄧小平　渡邊利夫等著　280元
②中國大崩裂　180元

•心 靈 雅 集•電腦編號00

①禪言佛語看人生　松濤弘道著　180元
②禪密敎的奧秘　葉逯謙譯　120元
③觀音大法力　田口日勝著　120元
④觀音法力的大功德　田口日勝著　120元
⑤達摩禪106智慧　劉華亭編譯　150元
⑥有趣的佛敎研究　葉逯謙編譯　120元
⑦夢的開運法　蕭京凌譯　130元
⑧禪學智慧　柯素娥編譯　130元
⑨女性佛敎入門　許俐萍譯　110元
⑩佛像小百科　心靈雅集編譯組　130元
⑪佛敎小百科趣談　心靈雅集編譯組　120元
⑫佛敎小百科漫談　心靈雅集編譯組　150元
⑬佛敎知識小百科　心靈雅集編譯組　150元
⑭佛學名言智慧　松濤弘道著　220元
⑮釋迦名言智慧　松濤弘道著　220元
⑯活人禪　平田精耕著　120元
⑰坐禪入門　柯素娥編譯　120元

⑱現代禪悟	柯素娥編譯	130元
⑲道元禪師語錄	心靈雅集編譯組	130元
⑳佛學經典指南	心靈雅集編譯組	130元
㉑何謂「生」 阿含經	心靈雅集編譯組	150元
㉒一切皆空 般若心經	心靈雅集編譯組	150元
㉓超越迷惘 法句經	心靈雅集編譯組	130元
㉔開拓宇宙觀 華嚴經	心靈雅集編譯組	130元
㉕真實之道 法華經	心靈雅集編譯組	130元
㉖自由自在 涅槃經	心靈雅集編譯組	130元
㉗沈默的敎示 維摩經	心靈雅集編譯組	150元
㉘開通心眼 佛語佛戒	心靈雅集編譯組	130元
㉙揭秘寶庫 密敎經典	心靈雅集編譯組	130元
㉚坐禪與養生	廖松濤譯	110元
㉛釋尊十戒	柯素娥編譯	120元
㉜佛法與神通	劉欣如編著	120元
㉝悟（正法眼藏的世界）	柯素娥編譯	120元
㉞只管打坐	劉欣如編譯	120元
㉟喬答摩・佛陀傳	劉欣如編著	120元
㊱唐玄奘留學記	劉欣如編譯	120元
㊲佛敎的人生觀	劉欣如編譯	110元
㊳無門關（上卷）	心靈雅集編譯組	150元
㊴無門關（下卷）	心靈雅集編譯組	150元
㊵業的思想	劉欣如編著	130元
㊶佛法難學嗎	劉欣如著	140元
㊷佛法實用嗎	劉欣如著	140元
㊸佛法殊勝嗎	劉欣如著	140元
㊹因果報應法則	李常傳編	140元
㊺佛敎醫學的奧秘	劉欣如編著	150元
㊻紅塵絕唱	海　若著	130元
㊼佛敎生活風情	洪丕謨、姜玉珍著	220元
㊽行住坐臥有佛法	劉欣如著	160元
㊾起心動念是佛法	劉欣如著	160元
㊿四字禪語	曹洞宗青年會	200元
(51)妙法蓮華經	劉欣如編著	160元

・經 營 管 理・電腦編號 01

◎創新經營管理六十六大計（精）	蔡弘文編	780元
①如何獲取生意情報	蘇燕謀譯	110元
②經濟常識問答	蘇燕謀譯	130元
③股票致富68秘訣	簡文祥譯	200元

④台灣商戰風雲錄	陳中雄著	120元
⑤推銷大王秘錄	原一平著	180元
⑥新創意・賺大錢	王家成譯	90元
⑦工廠管理新手法	琪　輝著	120元
⑧奇蹟推銷術	蘇燕謀譯	100元
⑨經營參謀	柯順隆譯	120元
⑩美國實業24小時	柯順隆譯	80元
⑪撼動人心的推銷法	原一平著	150元
⑫高竿經營法	蔡弘文編	120元
⑬如何掌握顧客	柯順隆譯	150元
⑭一等一賺錢策略	蔡弘文編	120元
⑯成功經營妙方	鐘文訓著	120元
⑰一流的管理	蔡弘文編	150元
⑱外國人看中韓經濟	劉華亭譯	150元
⑲企業不良幹部群相	琪輝編著	120元
⑳突破商場人際學	林振輝編著	90元
㉑無中生有術	琪輝編著	140元
㉒如何使女人打開錢包	林振輝編著	100元
㉓操縱上司術	邑井操著	90元
㉔小公司經營策略	王嘉誠著	160元
㉕成功的會議技巧	鐘文訓編譯	100元
㉖新時代老闆學	黃柏松編著	100元
㉗如何創造商場智囊團	林振輝編譯	150元
㉘十分鐘推銷術	林振輝編譯	120元
㉙五分鐘育才	黃柏松編譯	100元
㉚成功商場戰術	陸明編譯	100元
㉛商場談話技巧	劉華亭編譯	120元
㉜企業帝王學	鐘文訓譯	90元
㉝自我經濟學	廖松濤編譯	100元
㉞一流的經營	陶田生編著	120元
㉟女性職員管理術	王昭國編譯	120元
㊱ＩＢＭ的人事管理	鐘文訓編譯	150元
㊲現代電腦常識	王昭國編譯	150元
㊳電腦管理的危機	鐘文訓編譯	120元
㊴如何發揮廣告效果	王昭國編譯	150元
㊵最新管理技巧	王昭國編譯	150元
㊶一流推銷術	廖松濤編譯	150元
㊷包裝與促銷技巧	王昭國編譯	130元
㊸企業王國指揮塔	松下幸之助著	120元
㊹企業精銳兵團	松下幸之助著	120元
㊺企業人事管理	松下幸之助著	100元

㊻華僑經商致富術	廖松濤編譯	130元
㊼豐田式銷售技巧	廖松濤編譯	120元
㊽如何掌握銷售技巧	王昭國編著	130元
㊿洞燭機先的經營	鐘文訓編譯	150元
52新世紀的服務業	鐘文訓編譯	100元
53成功的領導者	廖松濤編譯	120元
54女推銷員成功術	李玉瓊編譯	130元
55ＩＢＭ人才培育術	鐘文訓編譯	100元
56企業人自我突破法	黃琪輝編著	150元
58財富開發術	蔡弘文編著	130元
59成功的店舖設計	鐘文訓編著	150元
61企管回春法	蔡弘文編著	130元
62小企業經營指南	鐘文訓編譯	100元
63商場致勝名言	鐘文訓編譯	150元
64迎接商業新時代	廖松濤編譯	100元
66新手股票投資入門	何朝乾　編	180元
67上揚股與下跌股	何朝乾編譯	180元
68股票速成學	何朝乾編譯	180元
69理財與股票投資策略	黃俊豪編著	180元
70黃金投資策略	黃俊豪編著	180元
71厚黑管理學	廖松濤編譯	180元
72股市致勝格言	呂梅莎編譯	180元
73透視西武集團	林谷燁編譯	150元
76巡迴行銷術	陳蒼杰譯	150元
77推銷的魔術	王嘉誠譯	120元
7860秒指導部屬	周蓮芬編譯	150元
79精銳女推銷員特訓	李玉瓊編譯	130元
80企劃、提案、報告圖表的技巧	鄭　汶　譯	180元
81海外不動產投資	許達守編譯	150元
82八百件的世界策略	李玉瓊譯	150元
83服務業品質管理	吳宜芬譯	180元
84零庫存銷售	黃東謙編譯	150元
85三分鐘推銷管理	劉名揚編譯	150元
86推銷大王奮鬥史	原一平著	150元
87豐田汽車的生產管理	林谷燁編譯	150元

•成功寶庫•電腦編號 02

①上班族交際術	江森滋著	100元
②拍馬屁訣竅	廖玉山編譯	110元
④聽話的藝術	歐陽輝編譯	110元

⑨求職轉業成功術	陳　義編著	110元
⑩上班族禮儀	廖玉山編著	120元
⑪接近心理學	李玉瓊編著	100元
⑫創造自信的新人生	廖松濤編著	120元
⑭上班族如何出人頭地	廖松濤編著	100元
⑮神奇瞬間瞑想法	廖松濤編譯	100元
⑯人生成功之鑰	楊意苓編著	150元
⑱潛在心理術	多湖輝　著	100元
⑲給企業人的諍言	鐘文訓編著	120元
⑳企業家自律訓練法	陳　義編譯	100元
㉑上班族妖怪學	廖松濤編著	100元
㉒猶太人縱橫世界的奇蹟	孟佑政編著	110元
㉓訪問推銷術	黃静香編著	130元
㉕你是上班族中強者	嚴思圖編著	100元
㉖向失敗挑戰	黃静香編著	100元
㉙機智應對術	李玉瓊編著	130元
㉚成功頓悟100則	蕭京凌編譯	130元
㉛掌握好運100則	蕭京凌編譯	110元
㉜知性幽默	李玉瓊編譯	130元
㉝熟記對方絕招	黃静香編譯	100元
㉞男性成功秘訣	陳蒼杰編譯	130元
㊱業務員成功秘方	李玉瓊編著	120元
㊲察言觀色的技巧	劉華亭編著	130元
㊳一流領導力	施義彥編譯	120元
㊴一流說服力	李玉瓊編著	130元
㊵30秒鐘推銷術	廖松濤編譯	150元
㊶猶太成功商法	周蓮芬編譯	120元
㊷尖端時代行銷策略	陳蒼杰編著	100元
㊸顧客管理學	廖松濤編著	100元
㊹如何使對方說Yes	程　羲編著	150元
㊺如何提高工作效率	劉華亭編著	150元
㊼上班族口才學	楊鴻儒譯	120元
㊽上班族新鮮人須知	程　羲編著	120元
㊾如何左右逢源	程　羲編著	130元
㊿語言的心理戰	多湖輝著	130元
(51)扣人心弦演說術	劉名揚編著	120元
(53)如何增進記憶力、集中力	廖松濤譯	130元
(55)性惡企業管理學	陳蒼杰譯	130元
(56)自我啟發200招	楊鴻儒編著	150元
(57)做個傑出女職員	劉名揚編著	130元
(58)靈活的集團營運術	楊鴻儒編著	120元

⑥〇個案研究活用法	楊鴻儒編著	130元
⑥①企業教育訓練遊戲	楊鴻儒編著	120元
⑥②管理者的智慧	程　義編譯	130元
⑥③做個佼佼管理者	馬筱莉編譯	130元
⑥④智慧型說話技巧	沈永嘉編譯	130元
⑥⑥活用佛學於經營	松濤弘道著	150元
⑥⑦活用禪學於企業	柯素娥編譯	130元
⑥⑧詭辯的智慧	沈永嘉編譯	150元
⑥⑨幽默詭辯術	廖玉山編譯	150元
⑦〇拿破崙智慧箴言	柯素娥編譯	130元
⑦①自我培育・超越	蕭京凌編譯	150元
⑦④時間即一切	沈永嘉編譯	130元
⑦⑤自我脫胎換骨	柯素娥譯	150元
⑦⑥贏在起跑點—人才培育鐵則	楊鴻儒編譯	150元
⑦⑦做一枚活棋	李玉瓊編譯	130元
⑦⑧面試成功戰略	柯素娥編譯	130元
⑦⑨自我介紹與社交禮儀	柯素娥編譯	150元
⑧〇說NO的技巧	廖玉山編譯	130元
⑧①瞬間攻破心防法	廖玉山編譯	120元
⑧②改變一生的名言	李玉瓊編譯	130元
⑧③性格性向創前程	楊鴻儒編譯	130元
⑧④訪問行銷新竅門	廖玉山編譯	150元
⑧⑤無所不達的推銷話術	李玉瓊編譯	150元

・處 世 智 慧・電腦編號 03

①如何改變你自己	陸明編譯	120元
②人性心理陷阱	多湖輝著	90元
④幽默說話術	林振輝編譯	120元
⑤讀書36計	黃柏松編譯	120元
⑥靈感成功術	譚繼山編譯	80元
⑧扭轉一生的五分鐘	黃柏松編譯	100元
⑨知人、知面、知其心	林振輝譯	110元
⑩現代人的詭計	林振輝譯	100元
⑫如何利用你的時間	蘇遠謀譯	80元
⑬口才必勝術	黃柏松編譯	120元
⑭女性的智慧	譚繼山編譯	90元
⑮如何突破孤獨	張文志編譯	80元
⑯人生的體驗	陸明編譯	80元
⑰微笑社交術	張芳明譯	90元
⑱幽默吹牛術	金子登著	90元

⑲攻心說服術	多湖輝著	100元
⑳當機立斷	陸明編譯	70元
㉑勝利者的戰略	宋恩臨編譯	80元
㉒如何交朋友	安紀芳編著	70元
㉓鬥智奇謀（諸葛孔明兵法）	陳炳崑著	70元
㉔慧心良言	亦　奇著	80元
㉕名家慧語	蔡逸鴻主編	90元
㉗稱霸者啟示金言	黃柏松編譯	90元
㉘如何發揮你的潛能	陸明編譯	90元
㉙女人身態語言學	李常傳譯	130元
㉚摸透女人心	張文志譯	90元
㉛現代戀愛秘訣	王家成譯	70元
㉜給女人的悄悄話	妮倩編譯	90元
㉞如何開拓快樂人生	陸明編譯	90元
㉟驚人時間活用法	鐘文訓譯	80元
㊱成功的捷徑	鐘文訓譯	70元
㊲幽默逗笑術	林振輝著	120元
㊳活用血型讀書法	陳炳崑譯	80元
㊴心　燈	葉于模著	100元
㊵當心受騙	林顯茂譯	90元
㊶心・體・命運	蘇燕謀譯	70元
㊷如何使頭腦更敏銳	陸明編譯	70元
㊸宮本武藏五輪書金言錄	宮本武藏著	100元
㊺勇者的智慧	黃柏松編譯	80元
㊼成熟的愛	林振輝譯	120元
㊽現代女性駕馭術	蔡德華著	90元
㊾禁忌遊戲	酒井潔著	90元
52摸透男人心	劉華亭編譯	80元
53如何達成願望	謝世輝著	90元
54創造奇蹟的「想念法」	謝世輝著	90元
55創造成功奇蹟	謝世輝著	90元
56男女幽默趣典	劉華亭譯	90元
57幻想與成功	廖松濤譯	80元
58反派角色的啟示	廖松濤編譯	70元
59現代女性須知	劉華亭編著	75元
61機智說話術	劉華亭編譯	100元
62如何突破內向	姜倩怡編譯	110元
64讀心術入門	王家成編譯	100元
65如何解除內心壓力	林美羽編著	110元
66取信於人的技巧	多湖輝著	110元
67如何培養堅強的自我	林美羽編著	90元

⑱自我能力的開拓 卓一凡編著 110元
⑳縱橫交涉術 嚴思圖編著 90元
㉑如何培養妳的魅力 劉文珊編著 90元
㉒魅力的力量 姜倩怡編著 90元
㉓金錢心理學 多湖輝著 100元
㉔語言的圈套 多湖輝著 110元
㉕個性膽怯者的成功術 廖松濤編譯 100元
㉖人性的光輝 文可式編著 90元
㉘驚人的速讀術 鐘文訓編譯 90元
㉙培養靈敏頭腦秘訣 廖玉山編著 90元
㉚夜晚心理術 鄭秀美編譯 80元
㉛如何做個成熟的女性 李玉瓊編著 80元
㉜現代女性成功術 劉文珊編著 90元
㉝成功說話技巧 梁惠珠編譯 100元
㉞人生的真諦 鐘文訓編譯 100元
㉟妳是人見人愛的女孩 廖松濤編著 120元
㊲指尖・頭腦體操 蕭京凌編譯 90元
㊳電話應對禮儀 蕭京凌編著 120元
㊴自我表現的威力 廖松濤編譯 100元
㊵名人名語啟示錄 喬家楓編著 100元
㊶男與女的哲思 程鐘梅編譯 110元
㊷靈思慧語 牧　風著 110元
㊸心靈夜語 牧　風著 100元
㊹激盪腦力訓練 廖松濤編譯 100元
㊺三分鐘頭腦活性法 廖玉山編譯 110元
㊻星期一的智慧 廖玉山編譯 100元
㊼溝通說服術 賴文琇編譯 100元
㊽超速讀超記憶法 廖松濤編譯 140元

・健康與美容・電腦編號 04

①B型肝炎預防與治療 曾慧琪譯 130元
③媚酒傳（中國王朝秘酒） 陸明主編 120元
④藥酒與健康果菜汁 成玉主編 150元
⑤中國回春健康術 蔡一藩著 100元
⑥奇蹟的斷食療法 蘇燕謀譯 110元
⑧健美食物法 陳炳崑譯 120元
⑨驚異的漢方療法 唐龍編著 90元
⑩不老強精食 唐龍編著 100元
⑪經脈美容法 月乃桂子著 90元
⑫五分鐘跳繩健身法 蘇明達譯 100元

⑬睡眠健康法	王家成譯	80元
⑭你就是名醫	張芳明譯	90元
⑮如何保護你的眼睛	蘇燕謀譯	70元
⑯自我指壓術	今井義睛著	120元
⑰室內身體鍛鍊法	陳炳崑譯	100元
⑲釋迦長壽健康法	譚繼山譯	90元
⑳腳部按摩健康法	譚繼山譯	120元
㉑自律健康法	蘇明達譯	90元
㉓身心保健座右銘	張仁福著	160元
㉔腦中風家庭看護與運動治療	林振輝譯	100元
㉕秘傳醫學人相術	成玉主編	120元
㉖導引術入門(1)治療慢性病	成玉主編	110元
㉗導引術入門(2)健康・美容	成玉主編	110元
㉘導引術入門(3)身心健康法	成玉主編	110元
㉙妙用靈藥・蘆薈	李常傳譯	150元
㉚萬病回春百科	吳通華著	150元
㉛初次懷孕的10個月	成玉編譯	130元
㉜中國秘傳氣功治百病	陳炳崑編譯	130元
㉞仙人成仙術	陸明編譯	100元
㉟仙人長生不老學	陸明編譯	100元
㊱釋迦秘傳米粒刺激法	鐘文訓譯	120元
㊲痔・治療與預防	陸明編譯	130元
㊳自我防身絕技	陳炳崑編譯	120元
㊴運動不足時疲勞消除法	廖松濤譯	110元
㊵三溫暖健康法	鐘文訓編譯	90元
㊷維他命C新效果	鐘文訓譯	90元
㊸維他命與健康	鐘文訓譯	150元
㊺森林浴—綠的健康法	劉華亭編譯	80元
㊼導引術入門(4)酒浴健康法	成玉主編	90元
㊽導引術入門(5)不老回春法	成玉主編	90元
㊾山白竹（劍竹）健康法	鐘文訓譯	90元
㊿解救你的心臟	鐘文訓編譯	100元
51牙齒保健法	廖玉山譯	90元
52超人氣功法	陸明編譯	110元
53超能力秘密開發法	廖松濤譯	80元
54借力的奇蹟(1)	力拔山著	100元
55借力的奇蹟(2)	力拔山著	100元
56五分鐘小睡健康法	呂添發撰	120元
57禿髮、白髮預防與治療	陳炳崑撰	120元
58吃出健康藥膳	劉大器著	100元
59艾草健康法	張汝明編譯	90元

(60)一分鐘健康診斷	蕭京凌編譯	90元
(61)念術入門	黃靜香編譯	90元
(62)念術健康法	黃靜香編譯	90元
(63)健身回春法	梁惠珠編譯	100元
(64)姿勢養生法	黃秀娟編譯	90元
(65)仙人瞑想法	鐘文訓譯	120元
(66)人蔘的神效	林慶旺譯	100元
(67)奇穴治百病	吳通華著	120元
(68)中國傳統健康法	靳海東著	100元
(69)下半身減肥法	納他夏・史達賓著	110元
(70)使妳的肌膚更亮麗	楊　皓編譯	100元
(71)酵素健康法	楊　皓編譯	120元
(73)腰痛預防與治療	五味雅吉著	100元
(74)如何預防心臟病・腦中風	譚定長等著	100元
(75)少女的生理秘密	蕭京凌譯	120元
(76)頭部按摩與針灸	楊鴻儒譯	100元
(77)雙極療術入門	林聖道著	100元
(78)氣功自療法	梁景蓮著	120元
(79)大蒜健康法	李玉瓊編譯	100元
(80)紅蘿蔔汁斷食療法	李玉瓊譯	120元
(81)健胸美容秘訣	黃靜香譯	120元
(82)鍺奇蹟療效	林宏儒譯	120元
(83)三分鐘健身運動	廖玉山譯	120元
(84)尿療法的奇蹟	廖玉山譯	120元
(85)神奇的聚積療法	廖玉山譯	120元
(86)預防運動傷害伸展體操	楊鴻儒編譯	120元
(87)糖尿病預防與治療	石莉涓譯	150元
(88)五日就能改變你	柯素娥譯	110元
(89)三分鐘氣功健康法	陳美華譯	120元
(90)痛風劇痛消除法	余昇凌譯	120元
(91)道家氣功術	早島正雄著	130元
(92)氣功減肥術	早島正雄著	120元
(93)超能力氣功法	柯素娥譯	130元
(94)氣的瞑想法	早島正雄著	120元

・家庭／生活・電腦編號05

①單身女郎生活經驗談	廖玉山編著	100元
②血型・人際關係	黃靜編著	120元
③血型・妻子	黃靜編著	110元
④血型・丈夫	廖玉山編譯	130元

⑤血型・升學考試	沈永嘉編譯	120元
⑥血型・臉型・愛情	鐘文訓編譯	120元
⑦現代社交須知	廖松濤編譯	100元
⑧簡易家庭按摩	鐘文訓編譯	150元
⑨圖解家庭看護	廖玉山編譯	120元
⑩生男育女隨心所欲	岡正基編著	160元
⑪家庭急救治療法	鐘文訓編著	100元
⑫新孕婦體操	林曉鐘譯	120元
⑬從食物改變個性	廖玉山編譯	100元
⑭藥草的自然療法	東城百合子著	200元
⑮糙米菜食與健康料理	東城百合子著	180元
⑯現代人的婚姻危機	黃　靜編著	90元
⑰親子遊戲　0歲	林慶旺編譯	100元
⑱親子遊戲　1～2歲	林慶旺編譯	110元
⑲親子遊戲　3歲	林慶旺編譯	100元
⑳女性醫學新知	林曉鐘編譯	130元
㉑媽媽與嬰兒	張汝明編譯	180元
㉒生活智慧百科	黃　靜編譯	100元
㉓手相・健康・你	林曉鐘編譯	120元
㉔菜食與健康	張汝明編譯	110元
㉕家庭素食料理	陳東達著	140元
㉖性能力活用秘法	米開・尼里著	150元
㉗兩性之間	林慶旺編譯	120元
㉘性感經穴健康法	蕭京凌編譯	150元
㉙幼兒推拿健康法	蕭京凌編譯	100元
㉚談中國料理	丁秀山編著	100元
㉛舌技入門	增田豐　著	130元
㉜預防癌症的飲食法	黃靜香編譯	150元
㉝性與健康寶典	黃靜香編譯	180元
㉞正確避孕法	蕭京凌編譯	130元
㉟吃的更漂亮美容食譜	楊萬里著	120元
㊱圖解交際舞速成	鐘文訓編譯	150元
㊲觀相導引術	沈永嘉譯	130元
㊳初為人母12個月	陳義譯	130元
㊴圖解麻將入門	顧安行編譯	160元
㊵麻將必勝秘訣	石利夫編譯	130元
㊶女性一生與漢方	蕭京凌編譯	100元
㊷家電的使用與修護	鐘文訓編譯	130元
㊸錯誤的家庭醫療法	鐘文訓編譯	100元
㊹簡易防身術	陳慧珍編譯	130元
㊺茶健康法	鐘文訓編譯	130元

國立中央圖書館出版品預行編目資料

深層說服術／多湖輝原著；陸明編譯. ——初版
——臺北市；大展，民84
面；　公分——（實用心理學講座；16）
譯自：深層說服術
ISBN 957-557-546-6（平裝）

1. 口才　2. 人際關係

177　　84009907

原書名：深層說服術
原出版社：株式會社ごま書房（Japan）
原著作者：©Akira Tago 1982
版權代理：宏儒企業有限公司

ISBN 957-557-546-6

深層說服術

原著者／多　湖　輝
編譯者／陸　　　明
發行人／蔡　森　明
出版者／大展出版社有限公司
社　　址／台北市北投區（石牌）
致遠一路二段12巷1號
電　　話／(02) 8236031・8236033
傳　　眞／(02) 8272069
郵政劃撥／0166955－1
登記證／局版臺業字第2171號

承印者／國順圖書印刷公司
裝　　訂／嶸興裝訂有限公司
排版者／千賓電腦打字有限公司
電　　話／（02）8836052
初　　版／1995年（民84年）11月
定　　價／180元

大展好書 好書大展